パンドラの箱は開いてしまいました！

あおみ えり
Eri Aomi

青林堂

はじめに　すでに始まる次元上昇！

もっと、自分らしく生きたい！　幸せになりたい！　と、植物がその緑の葉を、上へ上へと、太陽の光をよりたくさん浴びようと伸びていくように、わたし達人間も、無意識下にそう思っているのではないでしょうか？

より繁栄したい、豊かになりたい、充実した人生を送りたいと願うことは、生命体として当たり前に備わっている欲求です。

もし、自分の想像した通りに、この人生が展開するとしたらどうでしょう？

やりたい仕事を適度に行い、夢中になれる趣味があり、温かい関係の仲間がいる。

働きたくなければ働かなくても、もちろんOK。

そんな理想的な生活は特別な人だけに許されること。本当にそうでしょうか?
「また、よくある引き寄せの類《たぐい》かぁ!」と思った方、もう少し話を聞いていただけたら嬉しいです。

実は、今は、地球の歴史上稀に見る、人生のボーナスタイムとも言える時代に突入しています。

「フォトンベルト」という言葉を聞いたことはあるでしょうか? スピリチュアルや不思議な話が好きな方は、ご存知かもしれません。フォトンは「光」、ベルトは「帯」を意味します。地球は2012年に、フォトンベルトに突入して、現在も、わたし達の地球を含む太陽系ごと光の帯の中を進んでいます。フォトンベルトに突入すると、生命体はＤＮＡの変容や進化が起きるとも言われています。
「アセンション」や「別次元への移行」という話を耳にしたことはありませんか？　そんなことが起きるのも、全くあり得るのですよ！　わたし達は、今、進化のタイミングに差しかかっているのです。

地球の波動も、わたし達自身も変わってきている。徐々に確実に、その変化にあなたは気付いていますか？

すでに、次元上昇も新しい時代も始まっているのです。

わかる方は、もう感じ取っていただいていることでしょう！

この本では、次の新しい時代へと切り替わっていただくための心構えや、次元上昇をより体感していただきやすくするためのヒントをちりばめています。

もうあなたの時代は始まっています。

好きなことを行って、個を発揮して、豊かに生きる。

さあ、扉を開けて新時代を楽しみましょう！

目次

第1章

これから始まる精神文明時代

日本が中心の時代が到来！

最近のニュースを見ていると、大企業の権力者が逮捕されたり、誰もが知っている企業の不祥事が報道されたりと、今までにはなかった流れが来ていると感じませんか？

その要因の一つは、「風の時代」に入ったからだと考えられています。

「風の時代」とは、西洋占星術が由来の言葉です。木星と土星の位置が重なって見える「グレートコンジャンクション」が起きることで、そこから社会の流れが変わるといわれています。今までは「土の時代」と呼ばれる、お金や権威、物質、地位や名誉といったものに価値がある時代でした。「風の時代」に入ると、知識や情報など目に見えないものの価値が高まり、自由や個に光が当たるそうです。

今までの物質主義的な価値観ではなく、目に見えないもの、優しさ、人間性、精神性へと価値観が移っていくのです。

その流れは、すでに始まっていて、わかりやすい例を挙げると、最近はテレビタレントの在り方なども大きく変わってきました。今までは、大手事務所のゴリ押し？とも取れるような売り出し方のタレントも世間に受け入れられていましたが、近年はよりストーリー性や背景、どのような方なのか？と、人間性が問われるようになりつつあります。テレビで見る芸能人よりも、人間性がわかりやすいインフルエンサーが影響力を持つなど、「組織」よりも「個人」が注目されるようになってきています。

わたし達の価値観は、確実に変わってきているのです。

これから、その流れはどんどん加速して、より目に見えない価値、人間性や精神性に重きが置かれる時代になります。

新しい時代を楽しく迎えるために、今のうちに準備をしておきましょう！　というのが本書で伝えたいことです。

他にも、これから人間性や精神性の時代が来るというのには、確実な根拠があります。それが「ガイアの法則」です。

「ガイアの法則」とは、地球には中心点があり、それが時代とともに移動しているという説です。今までは、金融街であるイギリスのロンドンが中心点でしたが、現在は、なんと日本に移動しています！　そして、東洋が文明の中心になり、物質的な文明ではなく、「精神性」の文明の時代が到来すると言われているのです。

わたし達は、生まれてこの方、資本主義経済が当たり前という社会の中で生活していました（一部、違う方もいらっしゃるかもしれませんが）。物心がつくと、「勉強しなさい」と言われて、良い大学に入り、有名な会社に入る。それが人生で大切なことだと、学校や社会で教えられてきました。安定した仕事に就いて、お金をたくさん稼いで、高価な自動車に乗って、一軒家を買って……、ところがすでに、この話を聞いた時点で、「なんか古臭いな」と感じるのでは？　それが価値観の変化なのです。

ただ、まだ大多数の方々は、この変化に気付いていません（この本を手に取ってくださっているあなたは、きっと気付いていますね）。今まで馴染んだ物質主義的な社会から、急に「精神性が大切！」と言われても、「は？　またスピリチュアルですか？」と、感じる方も多いでしょう。

新しい時代をリードするのが、時代の流れに敏感な皆さまです！

おめでとうございます！　やっとわたし達の時代が来ます！

先駆者は叩かれたり、世間から白い目で見られることもあるでしょうが、新しい時代のリーダーとして、ぜひ温かく地球の変化を見守っていきましょう。

あなたが、これからの時代のキーパーソンです！

特に日本人の精神性が高い理由

わたしは常々、日本人には素晴らしい力が隠されているとお話ししてきました。大多数の人々が、ほぼ無宗教でありながら、なんとなく「お天道様が見ている」「みんな違ってみんな良い」という価値観を持ち、善悪を判断して暮らしている。この事実からも、精神性の高さがうかがえます。

むしろ、そのような精神が当たり前にあるからこそ、自分達の特性に誰も気付いていないのです。

例えば、最近では、「日本は法整備が遅れている!」と見なされて、国民を縛り付ける新しい法律が次々と制定されています。「侮辱罪」が厳罰化されたことは、皆さんも記憶に新しいと思います。

毎回の手口なのですが、全体の中のわずかな例を取り上げて「弱者が苦しんでいる!」とマスコミが騒ぎ立てることで世論を誘導して、反対意見を封じ込める。そして、全ての国民を縛る法律が作られて、監視管理社会へと突き進む。

今まで法整備が行われていなかったのは、必要がなかったからだと思いませんか？

「お天道様が見ているよ！」でわかり合えたから、細かいことまで説明しなくても慮《おもんぱか》ることが出来たのは、日本人の精神性が高いからです。

日本人が空気を読むことを、まるで悪いことのように言う人もいますが、まさに特殊能力です。テレパシーの名残りです。

多くの法律や細かなルールがあるというのが先進的な社会なのでしょうか？

わたしは、そう思いません。

偏差値が全てではありませんが、高偏差値の進学校は私服通学が許されるなど、ルールが厳しくない例が多いですね。

それは、生徒が良し悪しを判断出来るから、周りのことを考えて和をもって行動出来るからです。

本来ならば、和の精神を持った日本人はルールに縛られず、軸をもって行動出来るはずです。その力を封印するかのように、昨今は厳しい法律が次々と制定されています。

本当の意味での成熟した社会、精神性の高い文明とは何なのか？　気付くべき時が来たのです。

すでに、「和をもって生きる」という答えを知っているはずです。

契約書がない三方よしの商売（ジュエリーのミラクル）

日本人は「成熟した社会性」「和の心」をすでに持っているとお話ししました。その証拠として商い（商売）の方法にも特徴があります。

「三方よし」という言葉を聞いたことはありますか。「売り手」「買い手」「世間」の三者にとって良い商売をしましょう、という近江商人が持っていた理念のことです。

良い循環をすることが「商い」。これは素晴らしい考え方です。信用が大切。売り手にも、買い手にも、世間にも信頼関係を結ぶことが経済であり、社会であるということ。目に見えない繋《つな》がり、大切なものが見えている。それが神秘なのです。

この考え方も、当たり前のように思えますが、日本人らしい特性だと、わたしは考えます。

昔ながらの職人さんや老舗の会社と取引すると驚かされることばかりです。

わたしがジュエリー事業を始めた頃のことです。「自分の理想のジュエリーを形にしたい！」。その一心で、わたしは、どこかに良いジュエリーの工房はないかと、職人街を探索していました。

その際、何やら風通しの良さそうなお店を見つけたので、飛び込んで、「こんな感じの真珠のイヤーカフを作りたいんです！」と、伝えました（とても無鉄砲）。最初は「デザイン画はありますか？　ＣＡＤソフトは使えますか？」といった感じで、あしらわれそうになったのですが、「使えないけど作りたいのです！」と粘っていると、店の奥からマダムが登場しました。

「お嬢ちゃん、何でも聞けば教えてもらえるわけじゃないのよ」（なんだかすごそうなオーラの方が出てきた！）と、わたしは内心ビクビクしていたのですが、「でも、作りたいんです‼」と、さらに粘っていると、「だったら、こうすれば、作れるのよ！」と丁寧に教えてくださって、ジュエリーを作ってもらえることになりました！マダムには問屋さんなども紹介していただいたので、その後わたしが支払いについて尋ねると、「それは受け取りのときでいいから」と、対応してくださいました。

突然飛び込んできた、どこの馬の骨かもわからないわたしが頼んだジュエリーを後払いで作ってくれる？　契約書とか書かないの？（これは今の時代だと、危険なことかもしれませんが）なぜ、わたしを信じてくれるの？

それから、わたしはジュエリー事業を始めることになったのですが、取引先とは、今でも義理と人情でやり取りさせていただいています。

最初のうちは、「知識も何もないやつに売らないよ！」と怒られたりと、色々ありましたが、しっかり筋を通して接した後は、「また来てくれたの！　では、ちゃんとジュエリーは売れているのね！」と、信頼関係で商いをさせていただいております。

ジュエリーを大切に作っていただいているからこそ、わたしも買っていただく方に、喜んでもらえるデザインやサービスを考えないと！　と、「三方よし」をしっかり守っています。

このような話は、グローバル基準で考えたらありえないことですよね。

お互いを信用するからこそ、商いが生まれて発展していく。もちろん、わたしの話は極端な例だと思います。でも、縁や繋がりを大切にして、それを大きくしていくことが「商い」なのだと知ることで、働くことや資本主義経済社会の見え方が変わるのです。

仕事を行い、お金をいただくことに罪悪感がある方は、ぜひ、このように捉えてみてください。

「商売をするとは、信頼を広げていくこと」

信頼関係の広がりこそが、仕事と商売、縁と繋がりを大きくしていく行為だと、ポジティブに。

三方よしのような、お互いを信用して生きられる状態こそが、真に成熟した社会ではないでしょうか？（経営者が手がけた本に書かれているような話ですが、わたしは経営については詳しくありません）

今は、法に規制されることが先進的だという考え方を見直すタイミングに差しかかっているのです。もともと精神性が高いとされている日本人には、その意味がわかるはずです。

お互いを信頼出来るからこそ、日本人は強いのです。強固な社会とは、契約や法律に縛られる社会ではなく、信頼関係で結ばれる社会のことです。

わたし達が買う物を選ぶ場合、今まではブランド力やテレビで紹介されていたからなど、権威を基準にすることが多かったですよね。

今は時代が変わり、誰から買うのか？　どんな想いがあるから買いたいのか？　など、知らない間に価値観は変化しています。目に見えない繋がりや精神性を重視する時代にシフトしているのです。

そして、この変化はさらに加速することでしょう。

ここから、新しい時代を、わたし達から広めていくのです。

秘密結社の存在に気付き始めた人々

そのような不思議な精神文明が根付いた日本を狙う者達がいます。ディープステート、悪魔崇拝者、グローバリスト、レプティリアンなどと呼ばれる存在です。

それぞれ違いはありますが、これから始まる精神文明時代の到来を快《こころよ》く思っていない者達もいるのです。

その理由は、時代が変わると今までのように、人類を支配することが難しくなるからです。

新しい時代の到来と共に、人類の次元が変わり、価値観も変化して、今までの貨幣価値や資本主義に支配されなくなった時、今の地位から追われる者達がいます。

そのため、ＳＤＧｓや環境保護などを訴えて、新しい資本主義のキャンペーンを行って利益を得ようとしたり、人類の活動に制限を与えて、新時代の幕開けを阻止しようとしています。

ここ数年、その活動は激しさを増しています。なぜなら、彼らには、もう時間がないからです。新しい変化の波が強まり、人類変わってきているからです。今まで通りのやり方では、人類の支配を続けられないと焦り、過激な方法に走っています。

例えば、コロナパンデミック、山を切り崩して地球のためにソーラーパネルを！という理由で自然を破壊する、戦争を煽り、食糧危機を画策するなど、最終局面に突入しています。

普通に考えると、自然を守るために山を切り崩してソーラーパネルを付けるというのは、矛盾している話だと気付くでしょう（この件に関しては、ソーラーパネルの世界シェアの大半が中国製、その廃棄方法や強制労働など、多くの問題があります）。

あまりに過激に、矛盾が多い方法を推し進めているため、「何かがおかしくないか?」と、気が付く人が増えています。

アメリカでは2020年に行われた、民主党のジョー・バイデン氏と共和党のドナルド・トランプ氏の大統領選挙によって、メディアや権力の不信の支配に目を向ける人が急激に増えました。

わたしはYouTubeでも情報を発信しているのでわかりますが、前回のアメリカ大統領選挙以降、Googleの言論統制はとても厳しくなりました。チャンネル停止や動画の削除も増えて、SNSのプラットフォーマーが市民の情報発信を制限するようになったのです。あからさまな制限を行えば行うほど、市民は異常に気付きます。

特にアメリカでは、「大統領選挙で不正が行われた？」という疑念が大きく広がり、日本でも陰謀論で片付けようとされている中、真実を追求しようという方々が増えています。

これは、日本経済新聞も報じていますが、アメリカのニュースサイト・AXIOSによると、世論調査でアメリカの有権者の約44％が「連邦政府は秘密結社が掌握している」と回答したそうです。メディアは、アメリカの有権者の多くが陰謀論に毒されているなどと書き立てていますが、そんなことがあるのでしょうか？

わたしは、あえて「秘密結社」という言葉を使っていますが、この言葉には、今わたし達が生きている世界には裏側があると、多くの人が気付いている証拠のように思えます。

もう市民の覚醒は止まりません。既得権益の側はそれを止めようと必死で抵抗を続けていますが、すでにパンドラの箱は開きました。

わたし達の目醒めの時が来たのです！

神になりたかったレプティリアン（爬虫類系宇宙人）

この世の中を裏で支配しようとする勢力の中には、レプティリアン（爬虫類《はちゅうるい》系宇宙人）が存在すると、多くの真実追求者は語っています。この本を手に取ってくださっているあなたも、その名を聞いたことがあるのではないでしょうか。

しかし、「爬虫類系の宇宙人がいるなんて嘘でしょう？」「急に宇宙人が支配しているなどと言われても、ついていけないよ！」というのが、世の中の大多数の方の声ではないでしょうか?

たしかに、わたしもシェイプシフト(爬虫類の目に変化するなど、レプティリアンが本来の姿を見せること)を目の前で見たことはありませんから、「いる!」とは断定出来ません。

ただ、世界を支配したい、人間を奴隷のように扱いたい、神のように崇められたい、そのような存在を確実にいると感じます。

その理由は、毎日のニュースからも読み取れますし、地震などの災害の日付け、マークなど、彼らは多くのヒントを出していますね。

インターネットで「レプティリアン シェイプシフト」と調べると、多くの画像が出てきますし(明らかなフェイク画像もありますが)、目付きや肌質などから感じることが出来ると思います。直感で見てください。写真などからも、その存在の正体が伝わってきます。この者達の正体は何か？　どう感じるか？　人間の直感とは鋭いものです。

宇宙は善悪の判断を行いませんから、この者達の存在を否定して争う必要はないのです。嫌だったら視界に入れなくても良い。わたし達が主体性を持って生きる時代が来ます。

レプティリアンという存在は、まるでモラハラ彼氏のようです。彼女が自立して、生き生きしている姿を見ると、自分の存在価値を否定されているような気がしてしまう。人類に必要とされたい！　人類を支配している時に自分の自尊心と存在意義が満たされる！　そのような悲しい習性を感じざるを得ません。

愛情で繋がること、無条件に自分の価値を認めることが出来ないから、わたし達を縛り付けて支配しようとする。信頼や愛情で繋がり合うということが出来ないから、人類に恐怖や飢餓感を与えて自分に縋《すが》り付くように心を支配しようとします。

人類に必要とされて、神のように崇められたい、レプティリアン達。

「レプティリアン、『北風と太陽』の物語を知っている？　いくら乱暴に追い詰めても、誰も心を開かないんだよ。そうではなくて、もっと優しく明るく人類を照らして、尊敬されるようになりなさい。そうしたら、人が付いてくるかもよ？」とでも、アドバイスしたくなります。

神に憧れて、人類を支配しようと、何千年、何万年もシナリオを動かし続けてきた、レプティリアン達。

あまりに不器用過ぎて、かわいそうにすら感じます。彼らにもわたし達と一緒に覚醒して、支配とは何か？　繋がりや愛とは何なのかを伝えることが出来れば、平和が訪れるのかもしれません。

ただ、この「平和であれ！」という考えも、わたし達の価値観に過ぎないのです。宇宙は善悪を判断しません。だから、押し付けることは出来ません。

レプティリアン達は、人類が次元上昇して、自分達の支配下でなくなることを、とても恐れています。モラハラ彼氏のように、人類に縋っています。

ただ、それはもう終わります。人類は自立して、自分達が創造主として次元を移動するようになります。

支配から抜け出す卒業式イベントが今まさに、始まっているのです。地球はアセンションの時を迎えています。

休憩TALK

―「個であり集合体」～アイドルグループを見て～―

前作『真★日本神話 ウチら最強!』(青林堂)でもお伝えしましたが、わたしは、日本人は「八百万の神理論」を提唱しています。

八百万の神理論とは、わたし達一人一人が創造主であるという考え方です。日本人は古くから自然崇拝によって、至る所に神を見出してきました。全知全能の一体の神様ではなく、色々な神様が個々にいて、その特徴を活かして全体を見つめているという考え方です。個だけど集合体にも見える。一人一人の力や個性を感じつつも、集合体として全体で力を合わせることも出来る。だから強い。みんなで伸び伸びと個を尊重しながらも、和をもって生きる。その八百万の神という考え方が、わたしは好きです。

そして、この考え方こそが、世界を救い、多くの方が創造主として自分を発揮する時代を後押しすると信じています。

このような話をすると、わたしをものすごく信心深くて「毎日瞑想していま す!」というイメージで想像する方がいるかもしれません。その場合、イメージを壊してしまったら申し訳ないのですが、わたしは、「いつも神と交信していま す!」という生き方ではありません。美容とダイエットにハマっていて、趣味はK-popダンス、お菓子作りも好き、好きなアイドルグループの動画をチェックしたり、そのグループが東京ドームで行ったコンサートに行くという、普通の女子と同じ趣味を持っています。そのような普通の生活を行いつつ、「個であり集合体だ！　和をもって生きる時代だ！」と実感しながら生きています。

大好きなアイドルグループのパフォーマンスを見ると、「個であり集合体」をまさしく実感します。一人一人の個性が際立ってて、「あー、なんてカッコいいんだ！　表情管理最高！」と、個人をしっかりと認識出来るのですが、引いた視点で全体のパフォーマンスを見ると、誰一人浮いていない。集合体の、まるで一つの生き物のようにも感じるのです。不思議な感覚です。

さらに、楽曲を聴いても各メンバーの歌声が生きる歌割りになっていたり、振り付けもキャラクターが引き立つようになっていたりと、クリエイター、スタッフ全員で一つのグループを作り上げているのです！　その素晴らしさを感じるたびに胸が震えます。あなたも好きなアイドルグループを見て、そのように感じることはありませんか？

実は至る所に「個であり集合体」は存在しているのです。

皆、それぞれ一人一人の個を発揮して、和をもって集合体となる。日本の会社は、そのように発展したのではないでしょうか？　だからこそ、日本は大きな経済発展を遂げたのではないでしょうか？

今の日本は、少しずつ欧米のピラミッド型社会の構造になりつつあります。ピラミッド型社会とは、少数が多数を支配するという形です。決められた評価項目で人を競い合わせる、誰かを蹴落とさないと上にはいけない構造です。和をもって生きるわたし達には合わないのです。だから、今の社会に生きる人々を見ていると苦しそうで疲弊している。何事も欧米型を取り入れなければ先進的というわけではないのです。日本人は精神性が高い社会をすでに持っていたのです。

超人が支配するのではなく、個が協調して豊かな社会を作る。それが古いようで新しい時代なのです。

皆さんは、「個であり集合体」を感じることはありますか? 実は様々な所に存在しているのです。

獣の数字666 獣→人→神

すでに覚醒の時、精神文明時代が始まっています。ただ、その人類の変化を止めようと、至る所に罠が用意されています。ぜひ、読者の皆さまには、その罠に気付き、自分の真の姿に気付いていただけたらと思います。

さて、「666」という数字に対して、「悪魔の数字だ!」「なんだか不吉そう」という印象を持つ人は多いかもしれません。

「獣の数字666」とは、『新約聖書』の中の『ヨハネの黙示録』に記述されている言葉です。

「また、小さな者にも大きな者にも、富める者にも貧しい者にも、自由な身分の者にも奴隷にも、すべての者にその右手か額に刻印を押させた。そこで、この刻印のある者でなければ、物を買うことも、売ることも出来ないようになった。この刻印とはあの獣の名、あるいはその名の数字である。ここに知恵が必要である。賢い人は、獣の数字にどのような意味があるかを考えるがよい。数字は人間を指している。そして、

数字は六百六十六である。」（新共同訳聖書 ヨハネの黙示録13章16―18節）

この文言は、都市伝説研究家や真実追求者に多くの考察をもたらしました。

「666は、人間を指している？」「666の刻印がないと、物を買うことも売ることも出来ないようになる⁉」「刻印がないと物を買えないとは、マイクロチップを意味している？」「ワクチンを打たないと外に出られない、コロナ禍の状況を予言したのではないか？」。これらの考え方は非常に興味深く、ヨハネの黙示録が今の世界を予言していたように解釈出来ます。

わたしは、666とは、獣↓人間↓神へと至る進化の過程を示していると考察しています。

「6」という数字は継続、維持を意味するとされています。一つの場所に留まり続ける者、進化の時を迎えない者、受け入れない者は、獣や人間のまま。固執する、留まる、今に執着する者は666の世界線で生き続けるのです。

あなたは獣ですか？　人間ですか？　神ですか？

それぞれは、似ているようで全然違う。見た目は同じ人間に見えるでしょう。しかし中身が違う。

獣か人間か神かは、自分で決めることが出来ます。

わたしは、八百万の神理論の提唱者です。あなたが神だと知っています。その本当の姿を引き出すのが、わたしの役割です。

まずは、人間を獣にするために用意された、多くの罠に気付いてください。鎖のようにあなたを縛ったり、心に重りを作るように自尊心を削《そ》いだり、体をボロボロにしようとするなど、至る所で「獣化」させようと狙っています。

自分を守り、人間として誇りを持ち、神に昇華する、さあ、ここから始めましょう！

「人間」を「獣」たらしめる罠だらけ

本書には、時事的な話題ではなく、普遍的に知っていただきたい内容を記しています。しかし、最近のニュースや、今起きている出来事も例に挙げながら説明を行います。

下記は、Ｔｗｉｔｔｅｒ社が検閲によって、特定のツイートやユーザーをブラックリストにしていた件について、わたしがＹｏｕＴｕｂｅライブで語った時の様子を文章化したものです。

Ｔｗｉｔｔｅｒ社は、わたし達が知らなければいけない情報を知られないように、検閲してブロックしていた。それで、アメリカを中心に怒りの声が上がっているの。そんなことをしてはいけないよね。

それなのに、日本では「プラットフォーマーが治安を守るために言葉を規制するのは、ある程度は、仕方ないことではないですか？」などと、有名なビジネス系インフルエンサー達が、さも常識人みたいな顔をして言っている。

インフルエンサー達は「あいつらはアタオカだ」「騒ぎたてるなんて気持ち悪くな

いですか?」「ムキにならないことがカッコいい大人の対応」などと、思っているかもしれないけど、彼らは、すでに数十億円という巨万の富を得ているのだから、働かなくて良いんだよ! だから、わたし達の生活なんか、どうでも良いと思っている(立場の違いを表しています。わたしは海外生活も資産を持つことも否定していません)。

そして、「気付いていない人達」は、「何を騒いでいるの? 知らないよ、そんなこと」「言論統制とか反ワクとか政府が隠蔽《いんぺい》していたとか、騒いでいる奴ら、キモい!」と、無関心ぶっている。

「アメリカ大統領選挙では、不正があったんだ!」「メディアは嘘を言っている!」と、「気付いている人達」が真実を伝えているのに、日本では、「アタオカ陰謀論者達」が、Twitterの検閲に対して騒いでいる! 陰謀論者だけが、いつも大騒ぎして、本当に気持ち悪い」みたいに思われているんだよね。

若者達は、「Ｔｗｉｔｔｅｒ社がブラックリストやシャドーバンを行うのは、プラットホームの安全を保つための企業の方針だから、仕方がないんじゃないですか？」と、ビジネス系インフルエンサーの意見に流されているように見える。

たしかに、無感情、無関心を装っている方がカッコいい大人に見えるかもね。でも、ビジネス系インフルエンサーに憧れているあなた達は、彼らと同じ立場ではないよね？　何かあった時に生きていけなくなるのは一般市民ですよ。

冷静でいるのが正しくて、事を荒立てる必要はない。若者達は「言論統制もワクチン投与も仕方ない」という態度を取っているけれど、ビジネス系インフルエンサー達には、すでに逃げ道があるんだよ。彼らは、自分達が一生暮らしていけるだけの保証も資産も持っているから、ムキになる必要がないわけ！
一般市民は、これからはムキにならないと防衛費アップのために増税が行われるし、外国の移民が入ってきて仕事はなくなる。結婚も出来ないし、子どもは育てられない、そういう世界が待っていますよ。

インフルエンサー達と同じ立場の目線で社会を見ている人がいるけれど、生き残っていくためには、必死になっていかないといけないんだよ。わたしもそう。

今は頭の回転が早くて悟った感がある人がもてはやされている一方、「日本は、こういう風にならないといけない！　こういうの、おかしいよ！」と、熱く語る人は、気持ちが悪いと見なされている。

悟った様子のインフルエンサー達には、今の日本で起きている危機を、熱意を持っ

て伝えるメリットがない。その理由は、日本の支配者層に楯突いたら、罪をでっち上げられて逮捕されてしまうかもしれないから。

少々厳しい表現が多くなってしまったことを謝罪いたします。でも、それくらい悔しかったのです。

すでに誘導が日本でもかなり進行しています。まるで、自分の意見や思想を持つこと自体がおかしいことのように扱われています。

何となく斜めに構えて、冷静なフリをして、メインメディアのニュースをサラリと見て、日本は今まで通りの先進国で、これからも大丈夫だろうと思っている。「真実を知る？　社会不適合者の陰謀論者が騒いでいるだけ！　オレは冷静だから！」という顔をしている、自分で情報を調べない層、有事に海外に逃げる選択肢がない人達が利用されているのです。というより、いまだに利用されていることにすら気付いていない。昔から日本が狙われている、そして本格的に支配されるとは夢にも思っていません。

わたしは思うのです。なぜ、市民が自分の意見を言ってはいけないのか？　思想を持ってはいけないのか？　と。おかしいことをおかしいと言うこと自体が制限される、気持ちが悪いと叩かれる、そんな世の中になってしまっていると。

わたしは、いわゆる上級国民ではありません。北海道・函館市内の小さな町の出身で、何の後ろ盾もない。だから、自分の自由を守るために、権利を主張して、それを阻害するものには、はっきり嫌だと意見を言います。足掻《あが》いて、騒いで、自分と周りを守るために、「支配しようとしないで！」と、主張します。弱者は弱者のやり方がある。立ち上がる必要がない、一部の上級国民と呼ばれる人に流されない（もちろん、資産家や社会的地位がある方が全員悪いという意味ではありません）。

思想を持つこと、意見を持つことは、人間として当たり前だとわたしは思います。

わたし達は獣ではなく、人間ですから、考えるし、感じるし、話し合って、協調して生きることが出来ます。

飼い慣らされて思考しない、人間として大切なものを奪われたくないのです。

支配者層と言われる人々は、テレビなどのメディアやＳＮＳを使って、わたし達の思考をコントロールしようとしています。獣化を進めようとしているから、わたしは熱くなっているのです。

思想を持つ、言葉にする自由を明け渡してはいけないのです。

あなたは自由だと思っていますか？　どう感じていますか？　それを言葉にしていますか？

自分の言葉を守りましょう。

わたしは「言霊《ことだま》」を人生のテーマにしています。言葉にして伝える、意思疎通することが、とても好きなのです。言葉の力を信じて、皆が使えるようになれば、楽しい世の中になると確信しています。

だから、自分の言葉を大切にしてください。誰かに支配されて、本心ではないことを言わされたり、誘導されるなど、ありえないことです。

あなたが考えること、感じることは、あなたにしかない個性。大事なものです。心を守りましょう。支配されずに、自由に人間として思考する。そして、その先で八百万の神に目覚める。尊重し合って生きるのです。

熱く語りましたが、この本を手に取ってくださったあなたには、たぶん伝わっていると思います。メディア統制、ＳＮＳ検閲へと、コントロールは進んでいます。気付こうとしない人々と、こういった本を読むなど、同じ支配下で生きていきたくない、獣ではなく神の次元に行こうとする人々との間で分断が進んでいるのです。

以前から、ＡＩによる人類の選別が行われているという都市伝説がささやかれていますす。ＳＮＳのつぶやき、検索履歴、誰と繋がりがあるかなど、様々な分野で人間をスコア化するという話です。

実際、この話は都市伝説ではなく、中国では実際に行われていることです。中国では、有名なアリババグループの一社「芝麻信用」が運営する「アリペイ」という電子決済サービスに信用スコアが使われています。信用スコアは、決済の記録だけではなく、交友関係、資産状況、学歴や職歴までもがスコアに反映されていると言われています。そのため、中国で国家や支配者層に楯突くような発言をする者は危険思想の持ち主として社会的に弾圧されると、一部では危惧《きぐ》されていました。

もし、このシステムが日本で導入されたら、発言が危険であるため、わたしのスコアは悪いものになるでしょう。

このように、支配者層は人類を都合よく選別しようとしているのですが、その理由は、「まもなく、地球が変化して、地表に住める時間が少なくなる。氷河期がまもなく来るから、住めなくなる。だから、メタバース空間の中に入る者、火星に行く者、スペースコロニーや地底へと避難する者の選別と人口減少が急務だ！」という思想の下、生き残って自分達と同じ世界に行く人類を選別しているのです。

神様ごっこを支配者層は行いたがるのですが、その行動は、いつも的外れというか、ズレているように思えます。

これから、次元上昇と新しい時代がやって来ます。その際、次元を上げる人々と、そのまま留まる人々に分かれるでしょう。その区別は、社会的な信用スコアではなく、精神性、魂レベルが基準となります。

新しい時代が始まります。和の時代が来ます。個であり集合体である、わたし達が支配から解き放たれて生き生きと暮らせるようになります。「足りない！　奪う！」を軸としたピラミッド型社会の構図ではなく、過不足なく皆に行き渡る、宇宙次元の始まりです。

その価値観に気付き、ついてゆく人々と、ピラミッド型社会の旧時代に固執する人々に分かれてゆくのです。

すでに、この事実に気付いている方や宇宙意識を持つ人々には、新しい扉が開かれています。扉をくぐる選別というより、扉が見えるか？　見えないか？　ということです。

皆さんには、新しい精神文明時代の扉が見えていますよね？　キーポイントは「宇宙意識」です。地球の視点からのみモノを見る時代は終わりです。宇宙次元から物を見るのです。

わたし達は宇宙次元の存在なのですが、他の惑星から何度か転生して、この時代の地球にたどり着いたに過ぎません。

そのわたし達を、地球の短い人類の歴史のデータを元にＡＩが選別する？　支配者層は面白いことを言います。「かわいいこと、やってんじゃん！」くらいに思えます。一体、誰を選別すると言っているのですか？

宇宙の叡智は、すでに意識を置く場所から選別を行っています。このような話は懐かしくすら思えます。他の惑星でも支配者層が戦いを引き起こす様子を、よく目撃した気がします。

これが宇宙意識の視座です。その感覚は、皆さんにも伝わったのではないでしょうか。

宇宙意識でモノを見る感覚がある方、その感覚は、今後、さらに増大します。

「新時代の扉は、わたしにも見えているのかな？　どうすれば宇宙意識の感覚を使えるようになるの？　具体的に何をしたら良いのか教えてほしい！」と、焦りを感じる人がいるでしょうが、この本を手にして、わたしの存在を認知している時点で、あなたは宇宙意識と繋がっています（わたしが特別な存在という意味ではありません）。

この本を書いている時のわたしは、自動筆記モードでした。わたしは、チャネラーなどと自分から名乗るスピリチュアル系の人間ではありませんが、頭で考えていないのに言葉が湧いてきたのです。この言葉を降ろさないといけないという確信を持って、読者のあなたに言葉を伝えています。

この本を出版した青林堂の社長である蟹江幹彦さまは、「あおみさんは自動筆記だから！　話していると、途中で『モードが変わった』とわかりますよ！」と言ってくださいました。わたしは、本を書いている時はスイッチが入るのです。

今、言葉が来ているからこそ、それを伝えたいのです。

無理をして、新時代の扉を探す必要はありません（もちろん、獣に身を落とさず、人間らしさを保ち、八百万の神として目覚めることは必要ですが）。

今、この本を読んでいること自体がすでに証明になります。自然や宇宙意識と繋がり、次元上昇の感覚が来るでしょう。

「宇宙は在ろうとする意志から生まれた」という説があります。その存在（宇宙意識や次元）に気付いて認識したら、もう「そこに在る」のです。

わたしも一緒に行くから、安心してください。新次元の扉を皆で開けて、華麗なダンスとステップで新しい時代に参加しましょう！

インフルエンスよりコミュニティの時代に

前の項では「扉を開くためには、扉が見えないといけない」というお話をしました。わたしは、「陰謀論者って、暗くて気持ち悪い」「スピリチュアリストも、盲目的な感じで怖い」といった思い込みの強い方々に「新時代の地球が来るよ！　見えている？」と伝えるために活動していると思っています（以前のわたしは、本当に目に見えない世界とは縁がない生活をしていたのですが、2年ほどで状況が激変したのです。

役割を与えられたとしか思えません）。

なるべく多くの方々に、真実を知っていただきたいので、それを伝えるためにＹｏｕＴｕｂｅやＳＮＳ、書籍や歌など様々な活動を行っています。

今は、次元上昇のスピード、変化の波が急激に迫っています。扉が見える人と見えない人の分断の激しさが増しているのです。

アメリカ大統領選挙によってメディアやＳＮＳのコントロールが公《おおやけ》になり、イーロン・マスクさんがＴｗｉｔｔｅｒ社を買収したことによって、支配者層が、わたし達の言論を規制するのは難しくなるだろうと思っていました。たしかに、欧米では市民がプラットフォーマーの規制に対する反抗を始めて、世論は自由な言論を求めるようになりました。

それでも「次の手が来るな」と、わたしは思っていました。支配者層の次の手段は、どのようなものだと思いますか?

すでに、一部の国では始まっているのですが、わたし達が普段見ているSNSやニュース記事、メディアを使って、表層的にはわからないように世論誘導を行うのです。AIがデータを分析して、どうすれば、個人の思考をコントロール出来るか手段を考えて、工作するということです。

また、インフルエンサーも狙われています。

彼らを上手く誘導して、世論を動かすリーダーに仕立て上げるための実験が、一部の国ではすでに実行されています。その活動が日本で行われて、それが激しくなったら、どうなるのでしょうか？

わたしはインフルエンサーと言われるほどの影響力は持っていませんが、今後、表立って発言すると工作員だと勘違いされかねないので、難しくなると思っています。勘が鋭い人々は、自分達のコミュニティを作って、閉ざされた空間でのみ新次元の生き方や生存戦略について話し合うようになると思います。

アメリカでは有料メールマガジンの人気が高まっているそうです。ＳＮＳで情報を収集していた層が、フェイクニュースやプラットフォーマーの検閲問題を受けて、メルマガを情報源にしているそうです。日本は、いまだにメディアを信じている方が多いのですが、インフルエンサーへの工作活動が激しくなると気付いた人々は、これからはＳＮＳ上で深掘りした会話を行わなくなるでしょう。

今後は、インフルエンス（影響）よりもコミュニティ（共同体）の時代になるのです。目に見えない壁は大きくなっています。新時代の扉が見える人と見えない人の乖《かい》離《り》が激しくなる。今までは繋がりを作る時間でした。まだ間に合います。ただ、支配者層はＳＮＳの開放と見せかけて、次の計画を仕掛けています。そのためにインフルエンサーを操作しています。世論を動かすために、表層的にはわからないようにＡＩのデータを利用しているのです。

すでにお伝えしましたが、ＡＩは地球の人間のデータを学習しています。

わたし達は、宇宙の叡智を使っているのですから、支配者層が誘導して洗脳しようとしても感覚でわかります。騙《だま》されてＡＩに支配されるのは、ピラミッド型社会に取り残された人々です。

誘導されない人々は、コミュニティを作り始めるでしょう。インフルエンサーが誰かれ構わず情報を広めるという時代から、情報を交換して感覚を共有し合う仲間達で集《つど》う世界が始まっているのです。

大切なのは心の目で見るということです。それは宇宙の叡智を使えば理解出来るはずです。同じ感覚に気付いた人々は、少しずつ輪になってゆくでしょう。

支配者層は、わたし達を閉じ込めようと色々な策を練っています。しかし、皮肉なことに、支配者層の策によって、人類は神としての感覚に、より気付いてゆくのです。

休憩TALK

―「和」を感じるわたし達～イベント運営で見えること～―

わたしは月1回ペースでトークイベントを開催しています。ＹｏｕＴｕｂｅを見て、わたしのことを知ってくださった方々とリアルに会って交流しているのです。お世話になっている有名ＹｏｕＴｕｂｅｒの方と一緒にトークを行ったり、唄を歌うなどして盛り上がっています。トークの内容は、本書に書かれているようなものですが、ハロウィンの時は、参加者全員で仮装したり、わたしの誕生日の時は、祝っていただくなど、サークル活動のような感じです。イベントに来てくださっている方同士が友達になって、わたしが主宰するイベント以外でも、皆で集まって飲み会を行うなど、新しい繋がりが生まれています。今の激動の時代だからこそ、リアルに会って、自由に語り合うことは、とても貴重な機会だと考えて、わたしはトークイベントを大切なものだと捉えています。

わたしを応援してくださる方々との出会いによって、他の人と一緒に夢を叶えることの大切さと楽しさを知ったのです。以前のわたしは、「自分一人で頑張りたい病」でした。自分の努力だけで道が開けると勘違いして、自分の目標を一人で握りしめていました。ところが、コミュニティが生まれたことで「今は信じて、皆で叶える」ことの大切さがわかるようになりました。この本で何度も語っている、「個であり集合体」という思想も、ファンの方との出会いによって、より強固になりました。

コミュニティの素晴らしい点は、わたしが何もお願いしていないにもかかわらず、人々がそれぞれの役割を見つけて自然に動いてくださるということです（もしかしたら、わたしが気付いていないだけで、皆さんが気を遣ってくださっているのかもしれません）。

例えば、イベントの時、わたしはスーツケースに重い撮影機材を入れて会場に持ち込むのですが、会場では、必ずケースを持ってくださる方がいます。SNSにアップするための写真を撮影してくださる方もいますし（綺麗な写真や動画が、わたしのSNSにアップされているのは、そのためです）、二次会のお店の手配や集金を行ってくださる方や、スマートフォンの充電器を貸してくださる方、初めてイベントに訪れて緊張している様子の方に声を掛けてくださる方など、強制しているわけではないのに、各々が、全員のために動いてくださるのです。

これこそ和のコミュニティです。もちろん、イベントに来ていただいているのですから、無理する必要はありません。会場に来てくださるだけで嬉しいです。無理して他の参加者と繋がる必要もありません。単にイベントに訪れて、トークを聞き終えたら帰る方もいらっしゃいます。参加の方法は自由です。

わたしの姿を笑顔で見てくれる、拍手してくれる、素敵なお洋服で場を華やかにしてくれる。参加者の自然なふるまいだけで、コミュニティが活性化されているのです。

自身が出来ることを自然に行って喜びを与える。自然体で皆が幸せになる。それが、これから訪れる精神文明時代のコミュニティの形になるのではないかと思っています。

風の時代～人との繋がりの時代～

新時代の扉を開く皆さん、この項では「風の時代」の歩き方について深掘りします。今から切り替えて、本格的なスタートに備えましょう！

西洋占星術でグレートコンジャンクションが200年おきに発生して時代が変わると言われており、2020年から風の時代が始まりました。2025年には、より顕著に変化が現れると言われています。

今までの物質主義的な社会よりも、さらに自由な価値観の世界が始まるのです。ブランド力や権威ではなく、「個」、中身にスポットが当たるようになります。しかも、何か一つを積み上げるというよりも、何でも軽く挑戦してみる。マルチに活躍、縦社会ではなく横の繋がり、と、より軽やかになります。

地球の次元が上がっている最中には、ぴったりの価値観です!

ここで、皆さんに伝えたいのは、

マジで、今やりたいことを、やって！　遠慮しないで!!

ということです（当然、やりたくなければ、無理してやらなくても良いのです）。

今までは権威の時代だったので、名前が知られていないと、ブランド力がないと、どこかに所属していないと、など、後ろ盾がないと挑戦すら出来ない物事が多くありました。

わたしは、もともとアナウンサーになりたくて北海道の函館市から上京したのですが、アナウンサー業界は、由緒正しい家柄、高い学歴、ミスコン受賞歴、優れた語学力などが必要になるなど、まさしく丸腰で参戦出来る世界ではありませんでした。「話すスキルだけが必要だと思っていたけれど、そうじゃないんだ」。と、田舎から出てきたわたしは驚いたのです。今までは、粘ってフリーのアナウンサーとしての仕事を続けていましたが、売れることはありませんでした。

そこから、ＹｏｕＴｕｂｅ上で陰謀や都市伝説を語り始めて、自分でチャンネルや番組を開設したり、自分の本まで出版出来るようになり、真面目にやれば権威や後ろ盾など無関係になりました。売れない時期、友人が「えりちゃんは面白いから大丈夫！　時代が追い付いてないだけだから！」と言ってくれたのです。結果的に粘り勝ちしました。✌

今、あなたが好きなことに対して頑張っている、叶えたい夢があるとします。その場合、上手くいかなくても自分を責めないでください。今までは、成功するためには、時代と運の要素が強かったのです。

しかし、これからは違います。多くの人々の「やりたいこと」が軽く叶う時代になります。「実は、わたしは歌手活動をしたかった！」「イラストの仕事をしてみたかったな！」など、その「実はやりたかったこと」が、これからは「ふわり」と軽やかに叶います。しがらみがなくなり、あなたの「個」が重視されるからです。

生き生きとあなたらしさ、あなたの素敵な部分を存分に世界で発揮してください。もう年齢や学歴は関係ありません。

それは、わたし自身が証明しています！

わたしは、ＹｏｕＴｕｂｅなどの発信活動から派生してイベントを始めて、今では歌手活動まで行っています。ステージで歌い始めてから「歌詞を覚えるのは大変」ということに気付きました。皆さんは、歌手が歌詞を覚えないのは当たり前という固定観念に囚われているのではないでしょうか。歌い始めた頃のわたしは、歌詞を覚えられなかったので、スマホで歌詞を確認しながら、ライブステージに立っていました。それでも、お客様から怒られませんでした（さすがに、今は歌詞を覚えて歌っています）。

個の時代はそのようなものです。軽く行えば良いのです。あなたにしか出来ない表現が必ずありますから。

八百万の神の皆さま、次は何を行いますか？　どんなことで神がかりますか？

風の時代は好きなことを自由に楽しむ時代。軽く始めましょう。縦横無尽に！　風のように！

血族主義？　古い古い‼

わたしが思う、地球上に存在するルールの中で「一体、何を言っているの⁉」ランキング上位にあるのは「血族主義」です。陰謀論や都市伝説を調べていると、この世の中の支配者層は、血縁や血族、種族を、とても重要視しています（日本の政治もそうですね）。人間は生まれによって決まっている、身内の中の優れた者が世界を支配すれば良いと考えている層がいます。同じく優生思想も、優れた者だけが生きていけば良いという考え方です。

血族主義は、本当に地球的な考え方ですよね。

「（地球の歴史上で）何世代かにわたって貴族や華族、王族でした！」と言われても、わたし達は、宇宙から転生してきたのですよ。「地球に来る前は、どこの星にいましたか？　アンドロメダ経由？　わたしはプレアデスです！」と、宇宙レベルでお話ししていますので、「地球で何代か？　そうですか。頑張ってください。お疲れ様です」しか言いようがないです。短い地球の歴史だけで語られてマウントを取られると、「何か、可愛いことを言っているな」と、笑ってしまいますよね。

わたし達は宇宙を旅しており、本来は、次元や時空も自由に移動出来る存在なのです。

この地球に来たのも存在によって理由は違えど、「地球のアセンションイベントを見てみようかな？」などといった意識の存在が、様々な星から来たのでしょう。それが地球に来てみると、地球に固執した生命体が、神様ごっこのように崇拝されるために人々を支配しようとしているのですから、まるで恐怖アトラクションです。

ただ、この恐怖アトラクションは、まもなく終わります。それを後押しするのは、宇宙意識を持つ皆さんです。すでに気が付いた方から、地球に固執した考え方から宇宙的なモノの見方へとシフトしています。

この本を手に取ってくださったあなたは、地球の支配の歴史の終焉を、すでに感じているでしょう。物質や恐怖で支配してきた者達の時代が終わり、目に見えない繋がり、魂レベルの世界が始まります。血統や遺伝子ではなく、魂・精神の時代です。血統や遺伝子など、所詮は地球の価値観です。「血統が!」と騒ぐ方がいましたら、「なるほど。今どき、ずいぶんと旧時代的な考え方をお持ちなのですね」とでも、思っておけば良いのです。

血族や血統を重んじて地球を支配しようとしてきた者達が、なぜ、ここまで、わたし達を縛ろうとするかと言うと、それは「恐れ」があるからです。血族や血統を大切にするというのは少数精鋭的な考え方です。つまり、人数が少ないマイノリティ的な考え。ピラミッド構造の頂上に君臨する者達は、一見強そうに見えます。ただ、人間の1％が支配者層だとしても、残り99％の人間の方が、圧倒的に数が多いのです。そもそも覆《くつがえ》されたら数では負けます。彼らは強そうに見えて弱者なのです。

そして、血族主義とは血の繋がりしか信じないということですから、他の誰かを信用して背中を預けることが出来ません。彼らの周囲は常に敵だらけと感じていることでしょう。だからこそ、支配者層は契約や儀式を多用します。そもそも、わたし達が自然と行っている「誰かを信じること」が出来ない、愛情で繋がることが出来ないのです。だから常に疑心暗鬼です。怖いから、わたし達に固執する。支配して監視する。むしろ、かわいそうに思えるくらい不器用です。

わたし達は、今まで支配された中でも夢を持って明るく生き続けてきました。辛いことがあっても、「わたしが悪いから、もっと頑張れば良いのだ！」と健気《けなげ》に生きてきました。

そのような時代は、もう終わります。自由な翼を持ち、枷《かせ》を外して、あなたの好きなように駆け回る、そのような時代が来るのです。思い通りにいかなくて苦しくて、閉塞感の中、もがき続けてきた。出口がないように見えた日々。本当にキツかった。

もう終わりますから、安心してください。

あなたがやりたい物事も叶いますし、あなたの素晴らしさが、しっかり伝わる時代が来ます。

それを忘れないでください。

わたしは、この事実を伝えたくて、この本を書きました。

あなたが苦しんだり悲しい顔をすることを、宇宙は望んでいません。

人が見る世界には、その人のフィルターが必ずかかります。わたしは、この本を読んでくださっているあなたが悲しむ世界を望まないし、受け入れません。そう決めたわたしの世界の中にいる読者のあなたは、絶対に大丈夫です！

この本を読んでくれたあなたが、望む世界を自由に楽しく生きられますように。

新時代を、一緒に楽しく迎えようね。

わたしの言霊があなたを守るよう、祈ります！

信じ合うわたし達は強いのです。

血族や血統に囚われず、信じ合って生きていける八百万の神のわたし達。

これから新しい時代が始まります！

エンキとエンリルの時代から二極化

地球の歴史の中では、常に対立構造が生み出されています。今でも男性と女性、光と闇、感性と論理、テクノロジーと自然など、相反するもの同士が、常にパワーバランスを変えながら動いています。

結論から言うと、上記の事柄についても、「良い塩梅で！」「良いとこ取りで良い！」「どちらが良いとかではなく、どちらも！」という状態が心地良いと、わたしは思うのですが、皆さんは、どう思いますか？

どちらかを選んで戦う意味は、ありますか？ 仮に対立構造があるとしても、戦う意味はなく、中庸であれば良いのです。

この二極化、対立構造は、はるか昔の古代シュメール文明時代にも記されています。「天から降りて来たもの」と呼ばれる宇宙人アヌンナキが地球に来て、遺伝子操作を行って人類を作ったと言われています。その後、地球を統治するためにやってきた、アヌンナキの王子・エンキとエンリルという兄弟が、方向性の違いで喧嘩《けんか》を始めたと伝えられています。エンキは「地」の力を司っており、知性やテクノロジー、科学を象徴しています。一方、エンリルは「風」の力、自然や感性の力を象徴します。

この話を聞いて、今までのお話と繋がっているなと思いませんか？　例えば、コロナウイルスのパンデミックも科学信仰の人々がワクチン投与を推し進めて、自然信仰の人々は己の免疫を信じたいと対立しました。現在は、科学テクノロジー派と自然・感性派の考え方が対立している例が多く存在します。

地球上では、常に対立構造が生み出されて、どちらが覇権を取るのかとパワーバランスを競い続けてきました。宗教戦争、テクノロジーの覇権争い、絶対的な何かを求めて人類は争いを繰り返して来ました。いつまで続くのでしょうか？

しかし、そろそろ争いは終わりを迎えます。

そのキーパーソンとなるのが、わたし達日本人です。

なぜなら、日本人は「中庸」がわかるからです。グレーの存在を認められるのが日本人の素晴らしさです。「いつも空気を読んでいる」「意見を持ってない」と、世界ではネガティブに捉えられがちですが、それは、あえて白黒つける必要がないことを知っているからです。

精神性の高い人々は、普通の人と同じものを見てもグラデーションまで見ることが出来ます。世の中にはたくさんの色があり、人によって様々な立場と見方があります。二極化など、とんでもないことです。白と黒しかない世界なんて、つまらないものです。たくさんのグラデーションの中でわたし達は生きています。「どちらかを選べ！」と、追い詰められなくて良いのです。どちらも良い塩梅がベスト。しかし、今、その「良い塩梅」が失われています。

今は、SNS上の工作員やテレビのコメンテーターなど、過激な意見を述べる人に注目が集まりがちです。混沌《こんとん》とした時代には、強い言葉で言い切ってくれる人についてゆきたくなる、リーダーに導いてほしいと、縋りたい気持ちになりますよね。しかし、どっちつかずでも良いのです。状況によって意見が変わることもありますから、どちらか一つを選ぶ必要はありません。常にあなたにとって心地良い選択を自由に行ってください。

読者の皆さんには、この話を覚えておいてほしいのですが、支配者層は大体「不利な二択」を迫って来ます。「他国に攻められて、やられるのか？　それとも、防衛費を増額するのか？」「電気を使わないのか？　それとも原発を再稼働するのか？」など。「どう考えても、この二択以外にも選択肢はあるでしょう！」という物事でも、二択を迫り、まるでその結論を国民が選んだかのように仕向けます。

これは議論のフィールドにも立ってないやり口です。わたし達は、このような不利な二択に参加する必要はありません。毅然とした態度で「どちらも無理！」と言えば良いのです。「では、お前に意見があるのかよ？」と責められたとしても、「だからといって、それは選びたくない！　無理！」と言っておけば良いのです。二択以外の選択肢は必ずあります。それをこれから皆で議論して見つけましょう！　という考えで良いのです。

たいてい、悪い人は不利な二択を迫りますが、その議論に乗ってはいけません。

そもそも、わたし達日本人は、中庸であること、グレーを知る民族です。この精神性が、エンキとエンリルの時代から続いてきた二極化論に終止符を打つのです。だから、「良いとこ取りをします！」「良い感じでお願いします！」という考えでも良いのです。

それでは、答えになっていないと思う人もいるでしょうが、はっきりと白黒を付けない、グレーがわかるというのが、大人なのです。

そもそも、「答え」というもの自体が、はっきりと見えるものではないのかもしれません。

大切なことは目に見えないのです。

感覚だけでも掴《つか》んでみてください。決めない、はっきりさせないという気持ちが、宇宙の叡智を使うポイントでもあると、わたしは感じるのです。

わたし達は地球上の目に見えるものに囚われ過ぎて、おおらかに任せること、白黒を付けないという感覚を忘れがちです。この「任せる」ことが行えるというのが、中庸である、グレーを使うポイントなのです。

それは「依存」ではありません。

ここで注意点があります。宇宙意識に任せることと「他力本願」「依存」は違います。わたし自身の感覚によると、それが混同されていると、なかなか上手くいきません。

わたしには宇宙意識、宇宙の叡智を使えるようになった経緯が存在します。以前は、何でも自分の力でやろう、個の力で頑張ろうと、ひたすら努力し続けていました。その後、一周回って、「自分ではコントロール出来ない部分がある。流れに任せた方が良い」と考えた途端、「手放すこと」を使えるようになりました。

流れや天に任せるのと、全てを誰かに頼りきって依存するのは違います。

依存と、宇宙の叡智を自発的に使うのは、全くの別次元です。

例を挙げると、わたしのＹｏｕＴｕｂｅチャンネルのコメント欄には、『〇〇さんが救世主で全部やってくれるから、わたしは信じています』といった内容の感想がアップされることがあります。

それは「依存」です。このようなコメントを書く人は、自分の個の力を放棄した上で助けてもらおうとしているのです。

依存は苦しいです。「個があっての集合体」、自分を確立した上で個を発揮して、皆で集合体になって調和する。それが補い合って生きていくということなのです。そのため、自分の個の確立がなければ集合体には入れません。「個である自分」を自覚した上で、集合体としての意識に目覚めるということが大切です。自分が何かという点を自覚しないと、依存になってしまうのです。

まずは、あなた個人を見つめて、自分自身を見つけ出して、そこで初めて集合体での役割を知ります。役割と言っても、それは特別なことをするわけでも、使命を持ちなさいという意味でもありません。あなたが「これは自分だ!」と実感することです。「今のわたしは、とてもわたしだわ!」と感じるのは、どのような時ですか?

自分を噛《か》み締めてください。その先に集合体への調和が始まります。自分の個をしっかりと感じた時に、他者との違いや他の存在をより深く知ることになるでしょう。

その時、「この世の中は、自己だけでなく集合体なのだ。わたしはその一部だ」と腑に落ちるはずです（すでに、この感覚を掴んでいらっしゃる方もいるでしょう）。

「あなたらしい」とは何でしょうか？　あなたの個の特性は？

その個の感覚を掴んだ時に、「集合体」「宇宙に任せる」という調和が始まります。

この表現では、上手く伝わらないかもしれません。「抽象的な表現で全然わからない！」と思われる人もいるでしょうが、感覚的に理解していただければ大丈夫です。「なんとなく、手放して、任せれば良いのね！」。それで良いのです。

人間の能力とは素晴らしいもので、「これは理解出来ないな」と思うことでも、脳で遊ばせておくと、ある日、自然と答えが降ってくることがあります。

あなたは、全然わからない、出来ない、と思っていた物事が、数日後、数週間後、数ヶ月後に振り返ると「そういうことね!」と、理解出来た経験はありませんか?

それが「脳で遊ばせておくこと」「宇宙の叡智に任せること」です。

わたしの場合、ダンスレッスンがそれに当てはまります。普段、YouTubeや執筆など論理的に言語処理能力を使うことが多くなっているため、右脳か左脳かでいえば、左脳をよく使っています。

大事なことは「中庸」「バランス感覚」と述べました。わたしの場合、バランスを取るために、意識的に右脳を使うアクションを行っているのですが、それがダンスレッスンなのです(もちろん、一番の理由は、ダンスを踊るのが好きだからです!)。

ダンスレッスンの時は、動画でアイドルの振り付けを見て覚えたり、ダンスの先生の動きを見て体を動かします。理屈や言葉の説明ではなく、動画を見た感覚で体を動かします。最初は振り付けを見ても「速すぎてどんな動きなのか見きれない！　今の足のステップと手の振りは、どうやったの⁉」と、脳は処理出来ません。しかし、練習した翌日に同じ振り付けの動画を見ると、「あれ！　この動きは、こうやって手を動かしているのか！　なんとなくわかる！」と、同じ動画を見ても解像度が上がっているのです。

脳で遊ばせておく。宇宙の叡智に任せる。すると、いつの間にか出来るようになっているのです。

人間の能力は、すごいですよね。

ダンスレッスンでは、右脳の「感覚的、創造性」を使っているわけです。人間に必要なこと、進化のためには、「中庸さ」「バランス感覚」を身に付けることが必要と言いました。二極化のどちらかを選ぶのではなく、両方を上手に使うのです。

だから、右脳と左脳を両方伸ばすことが、わたしは人類の進化になると思っています。どちらの脳を伸ばすのが素晴らしいというわけではなく、「良いとこ取り」で良く、どちらの脳が優れているという話ではないのです。

「両方バランスよく！」。これがキーポイントです！

「行動」と「任せる」の両方が伴えば、地球の法則と、宇宙の法則、どちらも使えているということです。

地球はまだ三次元の世界なので、「行動」が必要な星ですが、宇宙の法則の影響も受けるので、「宇宙の叡智」の力も使えます。両方使えるのが最強ということですね。

日本人には、その意味が直感的に理解出来ると思います。目に見えないものに神を見出すことが出来るのが日本人です。八百万の神とは、自然の至る所に神がいるという考え方です。

目に見えないものが、そこに存在するとわかっているから宇宙の叡智がわかる。任せる「余白」を持つことが出来る。

あなたにもその力は備わっています。

宇宙の叡智を使う、「任せる」という感覚、伝わりましたでしょうか?

目に見えるもの、見えないもの、両方が使えるようになるのです。特に、新時代は目に見えないものの力がより強くなります。今までの地球の法則である「行動」、その中で宇宙の法則である「目に見えない力」が、より働きを強めます。

目に見えないものの価値が高まるのです。

今から高めていきましょう!

「余白を感じること」「宇宙に任せること」を使いこなしましょう!

そのように言うと、「どうやるかわからない!」「抽象的だ!」という声も聞こえて来そうです。

だから、任せれば良いのです。あなたにはもう伝わっています。脳（あなたの宇宙）が、すでに作動しているからです。

任せていれば大丈夫です！

「女性性」「男性性」

二極化ではなく、良いとこ取り、バランス感覚が大切とお伝えしました。他にもあらゆるところに、わたし達を陥《おとしい》れるための二極化の罠は存在します。

例えば、「女性性」「男性性」。これは女性だけが「女性性」を持っている、男性には「女性性」がない、ということではありません。皆さんは、「女性性」も「男性性」も両方を持っています。それを両方バランスよく使うことが、地球上で上手く生きるコツです。

わたしは女性なので、本来「女性性」が強く、そのバランスを取るための「男性性」が弱い状態でした。女性性とは、受動、共感、包容力、調和、感性や柔軟性のことです。男性性は、能動、判断、攻撃、積極性などです。

二つの調和が取れていない状態だった時期は、人生を生きる上でのバランスが上手く取れず、思う通りに事が進みませんでした。

「共感力」「調和」「優しさ」という女性性を十分に使うためには、それを守るための男性性が必要になります。そのために、自分の力で生きること、決断力、論理的思考を高めて、今はバランスが取れていると感じています。

どちらか一つが良いのではなく、両方を高める、両方使えることが、この地球を自由に生きるための法則です。

起業して一人で仕事をしていると、自分の創造性、純粋さ、幼さを守るために、「男性性」を高めることが必要になりました。例えば、ＹｏｕＴｕｂｅ動画上のトークは感覚的に話していることが多く、前もって台本を用意したりすることはありません。ただ、その創造性を守るためには、ＹｏｕＴｕｂｅ内でのアルゴリズムの分析や研究なども同時に行い、女性性・男性性の両方を使います。

仕事をする上でも、女性という理由で弱く見られたり偉そうな態度を取られるということも多く、自分を守るために強さを身に付けました。

今は両方をバランスよく使えるので、伸び伸びと生きています。

Web3.0と中央集権の終わり

地球には二極化の罠があるとお話ししました。そして、わたし達の世界は支配者層により、ピラミッド型の社会構造で支配されようとしています。その流れはインターネット上でも多く見られます。

今、わたし達が使っているインターネットは主に「中央集権型」です。多くの人々がSNSを使って自分の想いや生活などを写真や文章で投稿するようになりました。その仕組みの多くは、プラットフォーマーと呼ばれるSNSのサービスを提供する会社に、自分達の文章や写真をアップロードすることで行います。そして、その中で多方面に拡散されるものが生まれたり、時にはSNS上で炎上したりということが毎日のように起こっています。

プラットフォーマーと呼ばれる会社が主権を握り、プラットフォーム上にアップロードされた文章や写真を拡散して、世の中の人々に見せるか否かを決める、という仕組みが中央集権型です。

この仕組みは、今の金融の仕組みにも似ています。通貨発行権を支配する者が、お金の動きを決める。どこの国にお金を流すのか、何を引き起こしてお金の動きを加速させるか、全てを決める。この世の中で多くの人々は、自分達に主権があると信じて、必死に働いて、お金の動きをコントロールしている気になっている。それでも、小さいお金の流れは生まれるかもしれません。ただ、俯瞰した目で見ると、このマネーゲームには支配する者がいます。適度に疫病、戦争、災害を引き起こして、お金を動かして、利益を得ています。陰謀や都市伝説に詳しい方は今、わたしが書き記した内容を聞いたことがあるかと思います。

金融の仕組みと同じことが、今のインターネットの世界でも起きています。プラットフォーマー（SNSで言うとFacebook、Twitter、YouTubeの運営母体のこと）がルールを決めて、そこにわたし達は自分の著作を投稿しますが、どれを拡散するかはプラットフォーマーが決めます。

自分の努力によって多少の拡散力を持つことは出来ますが、大きな流れはプラットフォーマーのアルゴリズム次第。そして、特にYouTubeで顕著なのですが、拡散してほしくない内容は削除と凍結対象になります。ここ数年で、新型コロナウイルスについては、ワクチン、5G、アメリカ大統領選挙に関する不正、地球温暖化とCO^2（二酸化炭素）についてなど、多くの内容が規制されました。ルールを決めるのは支配者。それが中央集権型です。今のインターネットは、このような形で支配されています。

そのインターネットの世界に新しく生まれたのが、ブロックチェーンこと「Ｗｅｂ３・０」です。Ｗｅｂ３・０とは「分散型インターネット」のことです。

以下は技術面ではなく、思想面における話です。

ブロックチェーンとは、データを鎖のように繋いで、管理する技術のこと。ブロックチェーンでは、データを改ざんすると、全ての履歴が残るから発覚してしまいます。

分散型インターネットとは、ブロックチェーンなどを用いて、支配者の巨大企業が管理する状態ではなく、それぞれが分散して管理するという、支配から逃れようという流れ、今までの中央集権型と違い、巨大企業による独占から脱却しようという動きです。わかりやすく説明すると、「今までは管理者が全ての情報を握っていたけど、これからは各々がみんなで管理するから、自由ですよ!」という形式のインターネットです。

管理者が不在なので、改ざんや不正が出来ない。今までの支配者層が存在したインターネットとは異なり、市民側に主権が渡るのが、このブロックチェーン技術を中心としたWeb3.0の世界です。

上手く説明出来ていないかもしれませんが、意味が伝われば嬉しいです。

ブロックチェーンやNFTと聞くと「お金儲けですか?　儲かるの?」といったイメージを持つ方が多いと思います。実際、投資目的で使う方が今は多いです。「では、詐欺《さぎ》でしょう?」と思われてしまうかもしれませんが、投資も波動療法もスピリチュアルも、理解して使いこなせなければ全て詐欺になってしまいます。むしろ、使えない方には、詐欺と考えていただいた方が平和かもしれません。しかし、今まで、知識を得て真実を知ろうとしなかった人々は、支配者層の手のひらの上で転がされ続けてきたのです。

このまま支配され続けますか？　支配されている意味もわからないまま。

わたしが全然詳しくもないのに、あえてWeb3.0の話をした理由は、「仮想通貨に投資しろ！」「NFTを買え！」などと、お金儲けのための話をしたいからではありません。

このまま、世の中の人が新しいWeb3.0の仕組みを知らないままでいれば、今、GAFA（Google、Apple、Facebook、Amazon）に支配されて、外国企業のアプリを使わされているのと同じように、今後も日本のインターネット界は支配され続けるでしょう。

せっかく新しい分散型のインターネット技術が出来たのに、その意味がわからず、ただのお金儲けの道具としか見ていないとすれば、支配から脱却出来ません。

陰謀論では「ＴＲＯＮ」というＯＳの話が、よく出て来ます。その名を聞いたことがある方も多いのではないでしょうか？　今はＷｉｎｄｏｗｓやＭａｃのＯＳが世界的シェアの大半を占めていますが、ＯＳの中に日本製のものもあります。とても優れているので、日本製のパソコンの中にも採用されるかという話があったのですが、アメリカからの圧力で、パソコンの世界から排除されてしまいました（ちなみにＴＲＯＮは、今は自動車やカメラの中に組み込まれて使われています）。今は、わたし達が使うパソコンもスマートフォンも、ほぼ外国製であり、そのＯＳも外国製を使っています。毎日使うアプリや検索エンジンも外国製が多いですよね。

これから一般化するであろう、自由なインターネット環境Ｗｅｂ３・０も、このままでは支配されることでしょう。ある程度、日本人にＮＦＴやブロックチェーン技術が浸透したところで、世の中で悪役にされやすいインフルエンサーか経営者が、何かしらの理由で逮捕されるでしょう。そして、「やっぱりＮＦＴやブロックチェーンは怖い！　詐欺師がやるものだ！」という世論をメディアは形成して、多数の日本人が嫌悪感を抱いたところで、外国グローバル企業が颯爽《さっそう》と登場します。「いつもありがとうございます！　日本さん、あなた達は、技術はあるが邪魔だから、うちの傘下に入っていただきます！」と、日本企業が支配されて、技術を根こそぎ持っていかれるのです。いつの間にか日本人がグローバル企業の支配下に置かれるという、毎回お決まりのパターンです。日本に技術があっても潰されて管理下に置かれるのです。

もう、このワンパターンなシナリオにはウンザリしませんか?

わたしは、これ以上、このあからさまな侵略に付き合うことに疲れています。読者の皆さんもそうではありませんか?

支配から逃れる方法は、まずは皆で正しい情報を知り、世論を作ることです。メディアのコントロールに気付き、日本のためにどうすれば良いか関心を持つこと。日本が侵略されていると気付いて、支配層によるコントロールを拒否することです。

あなたは無力ではありません。わたしの本やYouTubeチャンネルを見てくださるあなたには伝わっていると思います。わたし達一人一人に、思い描いた未来を生きる権利も力も備わっています。

量子力学的にいうと、わたし達は「観測者」。そこにある波動を物質に変えて、観測した時点で「現在」を作る力を持っています。

「現在」の決定権を持つのは、常にあなたです。

この力と権利を他者に渡さないでください。あなたは思い描いた人生を生きる権利も力もあるのです。ただ、どう生きたいのか？　何をしたいのか？　何を守って何を得たいのか？　それは自分で決めなければなりません。決めることをないがしろにして、誰かにコントロールされるのは、もうやめましょう。

様々な方向から日本は支配されて、わたし達の自由は奪われようとしています。どうして、そんなに必死になって、わたし達を潰そうとするのでしょうか？

それは、「怖いから」です。

日本人の観測者としての能力、言霊、和の心、周りを信頼出来る気持ち、愛情、全てが支配者層からすれば恐怖の対象です。いつ、日本人がそれらの力に目覚めて、自分達の支配から脱却するか、気が気でないからです。

日本人を早いうちに潰しておかなければ、精神文明時代が到来した際、日本人がガイアの法則の中心点となり邪魔な存在となるため、彼らは必死で日本を弱体化させようとしています。

ただ、この本を読めばわかるように、「ウチら」日本人は最強ですから、「ひっくり返り」は時間の問題です。わたしがこのような内容を本に記して、あなたが読んでくださっていること自体が証明です。言葉は届いているでしょう。

あなたと一緒に新しい時代を迎えるために、わたしは、この時代の地球に来たのです。

あなたもこの地球の一大イベントを見るために、来たのかもしれません。

一人一人が観測者としての自覚を持つことで、新しい精神文明時代が始まるのです。

第2章

奇跡のレッスン

「礼儀礼節身だしなみ、言葉遣い」で獣から人間に

ここまでお付き合いいただき、誠にありがとうございます。第1章では主に、わたし達を取り巻く脅威や日本人の弱体化計画についてお話ししました。

さて、ここからの第2章では、これから、どのようにして新しい精神文明時代を迎えていくのか？　その準備について具体的にお話ししていきます。ぜひ、ついてきてくださいね♡

第1章では獣の数字に触れました。わたし達は、獣↕人間↕神の間を行き来しています。「獣」というと何をイメージしますか？　欲に忠実、考え無し、独りよがり、言葉が伝わらない、そのようなイメージでしょうか？

では、人間はどうでしょう？　あなたは自分が「人間」だと思いますか？　人間だとしたら、何があなたを人間たらしめているのでしょう？

疑問形ばかりですが、わたしは責めているわけではありません。一度考えてみてほしかったのです。あなたが、自分が人間だと実感する、獣と違うと思うのは、どのような時か。「体が人間の形ですよ！」。それは当然ですが、この項では、肉体やＤＮＡではなく魂レベルの話をしているのです。

これから精神文明時代を迎えていくわたし達は、外側の肉体も大切ですが、魂・精神について考える必要があります。そのため、魂レベルでの「人間らしさ」について質問してみました。

わたしは、まずは「礼儀礼節身だしなみ、言葉遣い」が大切になると伝えています。人間は群れて暮らす生き物であり、これからは「和」の時代が訪れます。その時に必要になる要素は、「個であり集合体」であることです。個人個人の意識が存在しつつ調和していることがポイントです。そのためには、礼儀礼節身だしなみ、言葉遣いが必須です。他者と調和すること、信頼関係を結ぶことが、これから迎える精神文明時代では大切なポイントになるからです。

「大きな声で挨拶ですか⁉ 小学校みたいなこと言いますね！」という声が聞こえてきそうですが、挨拶は大事な基礎となるので、小さい頃からしつけられるのです。あなたは、誰かの目を見て、笑顔で挨拶出来ますか？ 大人でも、意外と出来ない人が多くて、わたしは驚きます。一度、自分の顔を鏡で見てください。「おはようございます！」と言った時に、口角はしっかり上がっていますか？ 相手の目を見ることが出来ますか？ 声は聞き取りやすいですか？ 挨拶だけで他人に好感を与えるというのは、意識しないと、なかなか難しいことです。

これはスキルアップしてください！　という意味ではありません。わたしはマナー講座を行っているわけではないのですから。他者と調和して生きるために、挨拶や態度、身だしなみで、愛情を伝えることが出来ていますか？　ということです。常に周りが気持ち良い状態でいる、そのための目線があるのか？　他者の目線、俯瞰《ふかん》した目線で自らの行いの一つ一つを見て生きていますか？　ということです。

魂レベルで美しい人、精神性が高い人は、独りよがりの目線で生きていません。自分目線だけというのは「獣」です。周りと調和して生きる、あなたが大切だから、自分は挨拶一つにも心を込める。その姿勢が、高い精神性に繋がるということです。

自分が獣ではなく人間だと思うならば、まずは「礼儀礼節身だしなみ、言葉遣い」

です。

気持ちの良い挨拶、笑顔、身だしなみで、相手にプラスを渡す。そこから調和の世界は始まります。

♡奇跡のレッスン1　「おはようございますチャレンジ」

一つ目のレッスンは、笑顔で「おはようございます！」です。誰かに挨拶をする時は、自分の声と顔から明るいエネルギーが出ているイメージを思い描いてみてください。心を込めるのです。

「今日もあなたに良いことがありますように」という祈りを言葉に乗せてください。

「オーラがある」というのは、放出する「キラキラ」が増えて、纏《まと》うエネルギー量が増えて輝くことです。

疲れるほど無理する必要はないので、少しだけ普段の挨拶にプラスして、心を込めてみてくださいね！

礼儀礼節身だしなみが出来たら、次は「言葉遣い」です。これがまた難しいのです！

わたしはYouTubeのチャンネルを開設してから、日々たくさんのコメントをいただいています。「優しい言葉でコメントしてね！」と、いつも言っているためか、わたしのチャンネルでは、ほぼ汚い言葉やアンチコメントは来ません（応援してくださる皆さん、いつもありがとうございます！）。

今は治安がとても良いチャンネルですが、最初の頃は、心無いコメントに傷付くことも多かったのです「どうして、こんな意地悪な言い方をするのだろう？　嫌いなのは仕方ないけど、わざわざ言いに来なくてもよいのに」と、落ち込むこともありました。

ただ、人を傷付けるようなコメントを書き込む方を観察していると、どうやら、その言葉を言うと相手が悲しむということがわかっていない、そもそも、言葉のフィルターが粗く、傷付ける言葉を悪気なく言っている様子なのです。

悪気がないから仕方ないとは思いません。ただ、それだけ日本語で相手を想って気遣うことは、難しいということはわかります。今、わたしは毎日ＹｏｕＴｕｂｅなどで言葉を届ける仕事をしていますし、言語化能力には優れている部類だと思います。

だから、言葉を伝えることが苦手で、なぜ人を傷付けているのかも理解出来ないという層の方がいるということを知らなかったのです。

全てがわたしに対する悪意なので、あえて、ひどい言葉遣いになっているのかと思っていました。理解出来ないという方がいると知ったわたしは、「全然人をわかってなかったな」と、反省しました。それからは、言葉が伝わらない方にもどうすれば想いが伝わるのかと試行錯誤中です。

さて、相手にプラスを与える言葉遣いですが、まずは自分の言葉が明るいか？　人に良い影響を与える言葉を日頃から使っているかを考えていただきたいのです。

世の中を見ていると、他人を褒《ほ》めたりポジティブなことを言ってくださる人が本当に少ないのです。メディアを含めて、「ここが良くない！　もっとこうした方が良い！」といったネガティブなことを言う人ばかりで、「あなた、最高だね！」と言う人が足りません。

足りていないならば、明るい言葉遣いの方は、それだけ希少価値が高いということです！

この本を読んでくださっているあなたは、言葉遣いの使者です。これから、言葉で世の中を明るくしてください。

少しでも相手にプラスになることを言葉に付け加えましょう。それは簡単なことで良いのです。まず始めていただきたいのはこちらです。

♡奇跡のレッスン2　「ありがとうチャレンジ」

二つ目のレッスンの内容です。「おはようの次は、ありがとうかよ！」というツッコミが聞こえて来そうですね。しかし、本当に基礎が身に付けば全体が整うのです。わたしを信じてください。

わたしは、本当に何のコネも後ろ盾も、学歴もお金もない状態からスタートして、2冊目の本を刊行する夢が叶いました！　わたしが行った努力は、諸々整えただけですから。小さな心掛けから、奇跡は起きて大きな出来事に繋がるのですよ。

続いては「ありがとう」です。

言葉遣いを整えるための心掛け。そのために行っていただきたいのは、誰かに「ありがとう」と感謝を伝える際に、何をどのように感謝していて、どうして嬉しかったのかを、きちんと伝えることです。

例えば、会社で隣の席の方に重い荷物を持ってもらった場合、「〇〇さん、いつも手伝ってくれてありがとうございます。細かいところまで気を配れるなんて本当にすごいです！」などと言うのです（ただし、この例はやり過ぎかもしれません。日常的にこれほど詳細な感謝を繰り返していたら、相手に好意を持たれてしまい面倒なことになりかねないので、そのあたりは、距離感や関係性を意識しておきましょう）。

とにかく、お礼を言う際には、どう嬉しかったのかを、しっかり伝えることです。これが習慣になると、あなたには常に人への優しさのアンテナが立ち、感謝の気持ちで心が満たされ始めます。すると、同じ周波数で共鳴しますので、あなたは感謝するような嬉しい出来事に恵まれ始めるのです。すると、嬉しい、幸せなループに入り、優しい言葉遣いの方が周りに増え始めて、感謝するべき出来事が続きます。

良い言葉遣いをすれば、それに相応しい人々が集まり始めます。ぜひ、まずは「ありがとう」から意識してみてくださいね。小さなことのように感じるかもしれませんが、日常のささいなことが積み重なり、奇跡は起こり始めます。

地球の次元上昇！　人生のボーナスタイム

今の地球は次元上昇、フォトンベルトの中を通過しているとお話ししました。皆さまも感じていると思いますが、かなり波動が軽くなり、自由に生きる人々が増えています。今まで自分を支配していた心の檻《おり》から解放されて、好きなことを行って、周りに喜ばれながら生きている人が増えています。

それは、限られた人だけに許された特権なのでしょうか？　なぜ、同じ地球で暮らしているのに、既得権益に心まで支配されて自分を卑下して生きる人と、自分で決めた軸と価値観に基づいて伸び伸び生きる人がいるのでしょうか？

その違いが、次元です。同じ時間を生きているはずなのに、見える世界が違っているのです。

では、どうしたら自分の望む次元に行けるのでしょうか？

それは、「より高い波動で生きる」ということです。この章では、礼儀礼節身だしなみ、言葉遣いとお話ししてきましたが、人間としての基礎が整ってから、次にやるべきことは、波動が高まるような行いをしながら生きるということです。

波動と聞くとスピリチュアル色が強く、拒否反応を感じるという方もいるかもしれません。波動を簡単に説明すると、「ご機嫌でいようね」ということです。

ただ、波動を説明しても「その言葉は、スピリチュアル系の本によく書いてある内容だ。『常にわくわくしようね！』とか、もう耳にタコなんだよ！　もうたくさんだ！」などと思う方もいるでしょう。

申し訳ございません。なぜなら、本当に波動はそのようなものですから、それしか説明の方法がないのです。

今は、不機嫌な大人が多いですね。周りを見渡すと、疲れが顔や体、全身から出ている人が数多い印象です。それこそが、支配者層の狙いです。波動を下げるほどの激務とプレッシャーで、人間達を低い次元に閉じ込めようとしています。

本来、ウチらは神、八百万の神だと、この本では主張しています。

ただ、たとえ八百万の神だとしても、毎日怒られたり自尊心を傷付けられる言葉を言われて、帰りたくても帰れない、自分の専門でないことばかり強制されたとします。神だということを忘れてしまいます。「天の岩戸に入って外には出たくない」「引きこもります!」「ニートになります!」と、言いたくもなります。それこそ支配者層が仕掛けた罠です。

この負の連鎖から抜け出しましょう。支配者層が波動を落とそうとしてくるならば、ご機嫌でいれば良いのです! それは、無理してニコニコ笑顔を浮かべているという意味ではありません。礼儀礼節身だしなみ、言葉遣いをしっかり整えて周りに愛されている状態のあなたならば、素直にご機嫌な状態でいることは難しいことではないでしょう。そのままの素直なあなたでいれば良いのです。

自分に正直にいるにもかかわらず人を傷付けるというのは、たいてい礼儀礼節身だしなみ、言葉遣いがなっていない状態だからです。言って良いことと悪いことの区別がつかない場合、素直でいるだけで人を傷付けます。しかし、礼儀礼節身だしなみ、言葉遣いがしっかりと身に付いていれば、素を出しても嫌われません。

礼儀礼節身だしなみ、言葉遣いを正して、素の素敵なあなたを受け入れてくれる土台が出来ているならば、あなたは無理なく八百万の神として得意なことや好きなことを行うことが出来ます。

おめでとうございます！　もう素直なあなたとして生きていくための準備が整いました。

現在、地球はボーナスタイム期間です。好きなことを行い、楽しそうな方の願いが実現しやすくなっています。といっても、どうしたらよいかわからないのではないでしょうか。

♡奇跡のレッスン3 「好きなことの時間を作る」

礼儀礼節身だしなみ、言葉遣いが整いましたら、自分が八百万の神として「どのような神であったか」を思い出すフェーズに入ります。八百万の神とは本当に自由な存在なので、どのような神でもOKです。ただ、あなたが魂から、心の底から楽しくて幸せで感動出来ることを行ってください。それが、自分の神がかった姿を思い出すことに繋がります。

1日の中で、5分、10分、15分でも好きなことを行う時間を作ってください。それは、大好きなアイドルを応援する、ＹｏｕＴｕｂｅを見る、読書、何でも良いのです。あなたは「応援の神」かもしれません。とにかく、「わたしは今、神がかったことをしている」と自覚することが大切です。しっかりと自分が主体的かつ創造的であると認識してください。「やらされている」のではなく、「やっている！」。そのように噛み締めて生きる時間が必要なのです。

それがあなたの創造性に繋がります。自分の人生の軸を自分に戻すのです。誰でもない、自分が選択して、創造して今を生きている。そのように実感するために、自分の時間を確保するのです。

ただし、「今すぐに仕事を辞めてコントロールから抜け出てやる！」など、そこまでする必要はありません。「仕事が辞められない」と人生を悲観するのではなく、自分が選んだ結果、今の地位にいるのだ！　と、認識するのです。誰かにやらされたのではなく、自分が創造した人生であると、人生の視点を変えるだけで良いのです。それだけで、あなたは創造主としての強さを思い出すでしょう。

物事がうまくいかない時、人間は何か言い訳したくなったり、誰かのせいにしたくなることがあります。

ただ、今生きているのは、あなたが創造主としてそこに存在しているということです。

自分は創造主で八百万の神だ。そう自覚した時から、さらなる奇跡は始まります。強いエネルギーが生まれて、それに見合った出来事が起こり始めます。

まずはご機嫌でいること（わたしも、よく怒ってしまうことがあるのですが）。楽しく生きていきましょう！

せっかく波動が上がって、なんでも叶いやすくなっているのですから、やりたいことをやって生きていきましょう。せっかく、この時代の地球に来たのですから♡

休憩TALK

―ドラゴンメッセージ―

最近、わたしの周りで不思議なことばかりが起こっています。例えば、仕事関係で会った方が、急に「あおみさんに憑いている青龍がすごく話しかけてくるから、ちょっとチャネリングしますね！」と言って、謎のドラゴンセッションが始まったことがありました。

皆さんは、生活していて龍が話しかけてくるからと、突然チャネリングされた経験はありますか？　わたしも初めてでした。

このような話を伝えると、もともと、わたしがものすごくスピリチュアルに詳しかったり、霊やお化け、妖精などが見えるタイプの人だと思われるかもしれません。しかし、本当にわたしには自覚はないのです。周りが教えてくれるだけです。

わたしには霊的存在は見えないのですが、最近は目に見えない世界との繋がりが強い方と引き合わされる機会が、とても多いのです。

突如始まったセッションによると、わたしに憑いている青龍曰《いわ》く、これからのわたしは、さらに歌やダンスや発信活動、ＹｏｕＴｕｂｅ配信を本格化してゆくそうです。

今のわたしは、まだまだ自分を抑えていて、本当の意味で本領を発揮してないそうです（これだけ自分をさらけ出しているのに？）。さらに素質が隠れているので、誰にも遠慮するなというメッセージが寄せられました。「この子（あおみえり）は、素質はあるけれど、まだ経験が浅い。だから大切に育てている。今は周りに、例えば龍の声が聞こえるとか、チャネリングが可能など、そういった次元のルールがわかっている人々を集めている最中。これから自然に仲間が集まるから大丈夫」であるそうです。

見えない世界が見えるという人達に影響されながら、歌を歌ったり、踊ったり、ＹｏｕＴｕｂｅで配信したり、本を書いたり、それがわたしの役割であるそうです。この話は、わたしがお金を払ってチャネリングしてもらった結果ではないというのが本当に驚きです。「見える人達」と自然と引き合わされているというのが不思議です。まさしく、時代が変わり、地球の次元が変わり、この世界と目に見えない世界の距離が近づいている証拠だと、わたしは感じています。

皆さんも次元の変化に気付いていますか？　周りで不思議なことは起きていませんか？　変化が起こっているという事実を認識すると、さらに奇跡が訪れるでしょう。

そのような出来事を体験してから、わたしは、なんとなく自分に憑いているという龍を意識するようになりました。というより、意識せざるを得ない出来事ばかりが何度も起こったのです。

前述したように、今のわたしは、月に1回ファンの方々とトークイベントを開催しているのですが、イベント終了後は、ファンの方と一緒に打ち上げを行います。

わたし自身はお酒を飲まないのですが、ファンの中には飲む方もいらっしゃいます。

そこで不思議なことが起こるのです。いつもは、そのようなことをするはずはないのに、なぜか、わたしの近くの席に座る方は、たいていグラスを倒してお酒をこぼすのです。そのような出来事が続いたので不思議に思ったわたしは、ファンに事実を伝えたのですが、「え？　それは、えりちゃんに憑いている龍が、お酒を飲もうとして倒しているんじゃないの？」と、ファンの一人から教えていただき、たしかに、それはあるのではないか？　と、考えるようになりました。

ファンの方の話を聞いたわたしは「自分はお酒を飲まないけど、龍はお酒を飲みたいのかな、そうだとしたら、申し訳ない」と思うようになりました。そこで、わたしは、毎日少量のお酒をコップに注いで、自分の目の前に置くようにしました。こうすれば龍はお酒を飲めるはずです。龍が飲んだ後のお酒は、お風呂に入れて酒風呂にすれば無駄にはなりません。良いアイディアですよね？

一見よくわからない話に思えるかもしれませんが、この考え方は、わたしが提唱する「八百万の神理論」に繋がる要素があると思うのです。わたし達は皆八百万の神です。ですから、普段の食事は、神様にお供えをするものだと思って用意すれば良いのではないでしょうか？　自分の身体自体が御神体という意味です。毎日の食事を神様にお供えすると思って用意すれば、自分を大切に出来る気がしませんか？

自分だけではなく、自分を守ってくれている存在、その方々に向けて感謝の気持ちを込めて用意するのです。もちろん、日々の忙しさに追われて、食事の内容が雑になっていたり、ゆっくり食べている時間がないという方も多いでしょう。

実を言うと、わたし自身がそうなのです。食事を取ることを考えずに予定を入れてしまうことも多いのです。それでも、朝食、昼食、夕食のいずれか、あるいは、おやつの時間やティータイムでも良いですから、お気に入りの器やカップを用意して、ゆったりとしたひと時を味わう。それが、自らの精神性を高める時間となるかもしれません。

地球で生きていると何かと忙しいのですが、自分の身体は御神体です。大切にして生きていきましょう。

チャネラーの条件

「休憩トーク・ドラゴンメッセージ」でもお話しした通り、チャネラーの方や宇宙意識を持つ方と接する機会が増えて、「この方々は、どうして宇宙とコンタクトを行うことに長《た》けているのか?」と、考えるようになりました。彼らから話を聞いてわかった内容と、わたしの体験談を交えて、この項では「チャネラーの条件」についてお伝えします。これはスピリチュアルに偏った話ではなく、すでに皆さんが自然に行っているはずの内容ですので、安心して読み進めてください。

「チャネラー」というと、目を瞑《つむ》って精神統一した後、自我を失って、誰かが乗り移る、そのようなイメージを持つ方も多いかもしれません。しかし、わたしが言うチャネラーの定義は、少し違います。自我を保ったまま宇宙意識や宇宙の叡智を使える方のチャネラーです。

チャネラーの中には「誰かが語りかけてくる!」と感じる人もいれば、自分の中に自然とインスピレーションが湧いてきたり、創造物の中に何かが現れてくる人もいます。つまり「チャネリングしている!」と、強く自覚せずに、宇宙からのメッセージを降ろしている人が多くいるということです。

例えば、小説家や、漫画家といったクリエイターをイメージしていただくとわかりやすいでしょう。そのような方々を人は「天才だ!」「どこから、そのような発想が生まれるのだろうか?」と、考えます。もちろん努力をせずに、全て宇宙の叡智で上手くゆくというわけではないのですが、クリエイター達のインスピレーションが枯渇しない理由は、宇宙エネルギーを上手に使っているからではないか?　ということです。

今、わたしはYouTubeの動画作成を毎日行っているのですが、どれほど眠くても、「今日は頭が回らないなー」という日も、言葉が出て来ないということは全くありません。「今は完全に自動操縦モードだ。言葉が勝手に降りてくる！」といった感覚です。自分の意識はあるのですから、どこから、その言葉が生み出されるてくるのか不思議に思うほどです。それは「宇宙の叡智」を使っているとしか思えません。とてもリラックスした状態で自由に話しているのにもかかわらず、言葉が湧いてくるのです。このような時、わたしは知らず知らずにチャネリングしている宇宙エネルギーを使って、毎日話しているのです。この本では、宇宙から自然と降りてきた言葉を執筆して皆さまに届けています。

チャネラーのような、宇宙からの言葉の通訳者になるには、どうすれば良いのでしょうか？　気になりますよね。チャネラーになれば、宇宙の無限のエネルギーにアクセス出来るようになるのですから！　そのヒントは、この本の中にも多く記しました。皆さんは、すでに理解していますか？

「チャネラーの条件とは、何ですか？　なぜ、使える人と使えない人がいるのですか？」と、わたしは、宇宙意識を持つ方に質問したことがあります。すると、返ってきた答えは、やはり「言葉」。適切な言葉を使った表現を行えるというのが、チャネリングが可能となるポイントになるそうです。

外国語の通訳と同じく言葉で宇宙の意思を伝えるにあたり、宇宙の意思を、悪意を持って伝えていないか？　誤解を与えるようなことをしていないか？　降りてきたエネルギーを高純度の状態で扱えるか？　といった要素が、宇宙エネルギーが降りやすい人と苦手な人を分けているようです。

宇宙の叡智は、話す人が聞く相手にプラスになる要素を与えているか、過度に怖がらせていないかを観察しています。話す人の印象は言葉遣いや普段の態度によって変わります。明るく波動が高いエネルギーを普段から扱っている人は、宇宙の叡智も使えるようになっているというわけです。明るく波動が高いエネルギーを宇宙から引き出したいのならば、自分自身がそのようなエネルギーを持っていないと扱えないのは当然のことです。

宇宙のエネルギーが欲しいならば、そのエネルギーと同じ波動レベルで共鳴すること。すると、たくさんのエネルギーが集まってきます。そして、豊富なエネルギーが欲しいならば、まずはエネルギーの放出を続けることです。

エネルギーは枯渇しませんから、毎日放出を行ってください。わたしは「喋《しゃべ》れないな、今日は」という日は、1日もないのです。あなたは、どのようなことを機にエネルギーを放出しますか？　決まったら放出を続けてください（もちろん、その際は他人に迷惑をかけないことを心がけてください)。
まずはプラスのエネルギーを放出することを意識してみてください。するとエネルギーが集まり始めます。豊富に湧いてくるようになります。それが、「フリーエネルギー」です。あなたは、実は「フリーエネルギー装置」なのです。

人間は生きているだけで、オーラやエネルギーを放っています。日常生活で放出しているオーラやエネルギーを意識していますか?「外見は内面の一番外側」という考え方があるように、まずは礼儀礼節身だしなみです。

そして、あなたが放出するオーラやエネルギーといった波動はどのようなものですか?明るくて周りを楽しませたり、また会いたいと思ってもらえるような存在ですか?存在するだけで周りを癒したり安心させる効果はありますか?

わたしも、無意識に出すエネルギーには特に気を払っています。例えば、以前のわたしは電車やエレベーターの中といった閉鎖的な空間がとても苦手でした。閉鎖的な空間でゴホゴホと大きな声で咳払いをされたり、姿勢がだらしない人々に囲まれると、気分が下がってしまい、「嫌だな。早く出たい。無理!」と感じていました。しかし、そのような意識は良くないと思えるようになったのです。

最近では、電車やエレベーターの中で咳き込んでいる人がいると、「咳が止まらないのかな? 早く治りますように。あなたが元気になることを祈っています」と、心の中で唱えています。それが自己満足だと思われたとしても問題はなく、そう思われても、気分が良いのです。無闇に波動を下げず、常に明るいエネルギーを放出して生きていきたいのです。

放出可能なエネルギーの総量が増えると、それだけ自身に入ってくるエネルギーの量も増えます。どれだけ多くのエネルギーを循環出来るかが、重要な要素となる時代が到来します。わたし達一人一人が「フリーエネルギー装置」なのです。これはスピリチュアルに限ったことではなく、この資本主義経済社会を生きる上での成功法則でもあります。

お金をやり取りすることで生活しているわたし達ですが、どのような人の元にお金は集まると思いますか?

「お金持ちは、みんな詐欺師だ」と、考える人もいるかもしれませんが、そのようなことはありません。たしかに、一部には既得権益に甘えた、自分勝手な価値観を持つお金持ちもいるでしょう。しかし、そのような例外のみを指して本質を見誤っていると、地球で生きることがハードモードになります。

わたし達がお金を支払うのは、誰かから何らかの価値を提供していただいた時です。「ありがとうございます」と、他人を喜ばせたエネルギーがお金になって返ってきます。要約すれば「どれだけ人を喜ばせたのか?」です。人に与えたエネルギーがその分、返ってくるのです。

ここで朗報を伝えましょう。あなたが放出するエネルギーは宇宙の叡智、何にでも変化する物質が元になっているので、決して枯渇しません。安心して放出してください。

「いや、エネルギーを出すのは苦しいです! 全然フリーじゃないです!」という方もいるでしょう。そのような方は、まだエネルギーの生み出し方がわからないだけです。体を酷使して、苦しみながら放出するものではありません。リラックスして、まずはゼロに戻るところから始めてください。礼儀礼節身だしなみ、笑顔、明るい挨拶、それらすら出来る余裕がない状態では、本来のあなたを出すことは叶いません。まずは休んでください。

現代は、本当に疲れている人が多すぎると思います（それが策略なのですが）。本来のあなたの力を封じ込めるために、様々な場所に罠が潜んでいます。食べ物、メディア、重労働、価値観の押し付け、無駄な競争……。

例えば、風邪を引いた時は、どうしてもポジティブなことを考えることが出来ないですよね。「苦しい。なんで、こんな想いをしないといけないんだろう？　わたしはダメ人間だ……」といった心理になると思います。逆に、風邪を引いた時に、「風邪を引いたよ！　だから休むのもいいよね！　ハッピー♡　元気になったら、どこに行こうかな？」。そのように考えられる方はいるでしょうか？　そのように考えることが出来る方は素晴らしい！　天性のポジティブ、天使の心です！

ただ、大半の人は前者のような考えを持っていて、風邪を引いた時は、少しネガティブになります。それが普通の状態です。人間は体調が良くなければメンタルにも確実に影響が出るものです。だからこそ、疲れてイライラした状態なのに、誰かを思いやってエネルギーを放出するのは不可能です。ここで無理をすると、「誰かのためにエネルギーを放出した！　こんなにがんばっているのに、なぜ返って来ないの！」と、負のループに巻き込まれます。自己犠牲の精神は、時にとても迷惑なものです。見返りを求めて行うものではありません。まずは、自分を癒してください。自分を満たしてから、次に誰かを満たすのです。

あなたは、すでに素晴らしい存在です。それは紛れもない事実です。守られています。特別です！

まずは、ゆっくり休んで、本来の自分を取り戻しましょう。好きなことを行って、好きなものを食べて、笑顔を取り戻して。そうすれば、自然とあなたの中の「神」が顔を出します。

抽象的で伝わりづらいかもしれません。まずは、自分の中のマイナスを取り除くことをイメージしましょう。嫌なこと、疲れること、メンタルが削られる事象をしっかり把握するのです。何をされると傷つきますか？　どの場所にいると疲れて、何があるとメンタルが削られると感じますか？

わたしの場合は、狭い場所や天井が高い場所、ガヤガヤ騒がしい場所が苦手です。そのような場所に行かざるを得ない場合は、時間を決めて手短に済ませて速やかに帰る。その他にも、自分と気が合わない人とは無理して会おうとしない、自分の時間をしっかり確保する、仕事などで大きな負荷が掛かる作業は全体の2割までに留めるなど、自分に対する取り扱い説明書を正確に把握することです。その上で、自分が自分でいられない、自分が輝かない、消耗すると感じる場所からは距離を置くということです。

わたしは、仕事を放棄しなさいとか、嫌いな人とは全員縁を切れなどと言っているわけではありません。自分を守りましょうと伝えたいのです。

あなたは「八百万の神」です。その力を削ぐような場所や状況から、しっかりと自分を守る必要があるのです。「神」を雑に扱う人や場所からは距離を取るなど、自分でガードして避ける必要があります。まずは、他人に何をされると悲しくて苦しくて、何をされると嬉しいのか、自分で把握しましょう。そして自分がされて嬉しいことを自分に行ってあげてください。

あなたの体は、御神体だとわたしは伝えました。自分を大事にしない神を、誰も信仰したいとは思わないでしょう。自分を大切に愛してください。

満たされた時に、エネルギーは湧き上がり、「あなた」というフリーエネルギー装置は作動します！

地球はハードモードじゃない！イージーモードにしよう！

これまで、皆さんは「八百万の神」かつ「フリーエネルギー装置」であり、地球は新しい次元に入ると、お伝えしてきました。何かわくわくして力が湧いてくる、そのような感覚は出てきましたか？

宇宙は、使い放題のエネルギーで満ち溢れていて、その存在に気付くだけで、フリー状態のエネルギーを何にでも変換出来るのです。本来の自分を取り戻して、神としてそのエネルギーを降ろす。気付いた人から順に、この地球が「イージーモード」に設定されてゆきます。何でも好きな物事が叶って、周囲の人々に喜ばれて、エネルギーの循環の中に存在する。そこは安心安全で満たされていて、枯渇や奪い合いとは無縁の世界。助け合いの輪が広がっています。

皆さんは、この地球を生きる上での自分の設定が「ハードモード」と「イージーモード」のどちらだと思いますか?

生きていると様々な出来事を体験します。楽しいことも辛いこともあって、まるでドラマのようです。好きな人がいるのに全然想いが届かないこともあれば、せっかく転職したのに新たな職場に全く馴染めないということもあるでしょう。映画やドラマよりも現実の方がよほど山あり谷あり、様々な物事が起きますね。

「人生が辛過ぎるから、ハードモード……。嫌です」という方に朗報を伝えましょう！

人生のハードモード、イージーモードの設定は誰が決めていると思いますか？

まずは、考えてください。

「生まれた時に運命は決まっているのではないですか？　つまり星が決めているのでは？」。西洋占星術では、そのような考えがあります。たしかに、自分だけでは、全ての物事をコントロール出来ないかのように思えます。

「前世のカルマがあって、それを解消するための現世なのでは？」。そんな考えもあります。神様が、自分（人間）が乗り越えられる範囲の試練を与えるという思想です。

もし、上記のような考えが正しいとすれば、人間とは与えられたシナリオ通りに操られて生きている存在なのでしょうか？　何も変えられないのでしょうか？

それは違います。宇宙は広くておおらかです。今、ここにいるあなたが意識するだけで、変えられることも、自分でコントロール出来ることも多くあります。

「今、ここ」を変えれば、過去と未来もセットで変えられます。人間の脳の記憶など曖昧《あいまい》なもので、どのように解釈するかによって、過去の出来事は良かったことにも悪かったことにも置き換えることが出来ます。見方次第で印象が変わる物事は数多いのです。なぜなら、あなたが見ている世界の観測者は「あなた」なのですから。

過去に起きた出来事の結論を「色々あったけど、今は幸せだよね！」と考える人と、「悲しい出来事ばかりだった」と考える人では、全く違う人生になると思いませんか？　この世界を見ている「あなたという観測者」の見方の特徴が、人生にかなりの影響を与えるのです。

ここで、最初に質問した地球を生きるうえでの自分の設定がハードモードであるかイージーモードであるかを、再び問います。あなたはどちらですか？

ヒント：　もう自分で決められると、お伝えしました。

そうです！　自分の世界の観測者であるあなたが、「イージーモード」と決めると、そのような解釈に基づいて脳は物事を認識するようになります。

つまり、自分次第で決めて良いのです！

あなたの人生の観測者はあなた自身です。それは誰にも奪われない権利です。「自分で決めて良いのだ！」と強く意識してください。逆に「今からイージーモードでいきます！　ありがとうございます！」という意識でOKです。

「いや、わたしはハードモードでいきます！」という方も、好きにしてください。ただ、「自分は苦しい想いをしているのだから、偉いでしょう？」といった自己犠牲の精神ほど迷惑なものはありません。「清く貧しいことが美しい」という思想は洗脳、誰かが押し付けた価値観に過ぎないからです。

さらに、わたしは、「誰かが言っていたから、そうします！」という考えを捨てるべきだと、人々にお伝えしています。「こうすれば『偉い』と言われるのです！」という他人任せの考えは手放しましょう。あなたはどう生きたいのですか？　どうしたら幸せになれますか？　と、人々に聞いています。

自分の価値観で生きることが、次の精神文明時代のあり方です。既得権益が作った、貨幣経済、お金が価値という時代は、もう終わりを迎えるのです。

「どう生きていきたいか?」を、自由に描いて創造出来る時代がすぐそこまで迫っているのです。

あなたは何を、どうしていれば心地良いですか?　楽しいと思うことは何ですか?

ぜひ想像してみてください。

あなただけの、オリジナルの人生を楽しみましょう!

休憩TALK

―北国の話　前が見えなくても進め―

今は、「メンタルが強い！」「なんでも一人でやって、すごいね！」などと言われる機会が多いわたしですが、その根底にあるのは、北国での体験です。

前述したように、わたしは北海道函館市出身なのですが、暮らしていた地域は、ものすごい田舎で、小学校には毎日徒歩40分で通っていました。雨の日も風の日も吹雪の日も、毎日片道40分も歩かないと家や学校にはたどり着けませんでした。そのような話を聞くと、「親に自動車で送り迎えしてもらえば？」と、思う方もいるかもしれませんが、基本歩いて通うのが当たり前という環境で、なぜか自動車で送り迎えされている生徒は誰もいませんでした（なぜでしょうか？　過酷ですよね)。

函館市は、北海道の中ではそこまで積雪が激しい地域ではないのですが、それでも冬になると前が見えないくらいの吹雪となる日もあります。そのような日は、学校の窓から風と共に斜めに降る雪を見て「今日は雪がすごいな……」と覚悟を決めていました。今、もう一度吹雪の中を歩けと言われたら、無理だと答えますが、幼い頃はそれが当たり前だったので、そこまで吹雪を恐れる気持ちはありませんでした。

下校時間になって、心を決めて歩き始めるものの、街灯がある箇所はまだ良いのですが、場所によっては薄暗くて、ほとんど前が見えなくなります。雪が前方から延々と顔面目がけてぶつかってくる、そのような感覚です。前が見えない、だから、足下の道だけ見る。とにかく足を前に動かすしかない。この一歩はあまりに小さくて、本当に家に帰れるのか不安になる、とても心細い、小さな一歩。ただ、この小さな一歩しか、わたしにはなす術がない。到着するまで歩みを繰り返すしか、大自然に対抗する手段がないのが、当時のわたしでした。

今考えると、毎日40分も歩くのはキツかったです。吹雪の時は、とても寒かった。今は何事でもプラスに転じて考えていますから、美談として捉えていますが、あれほど歩く必要性があったのか、今となってはわかりません（自動車は便利で良いものです。文明の利器は素晴らしい！）。

しかし、繰り返す一歩が、確実にわたしを前に進める。前進すれば、いつか必ず到着する。無力に見えて、確実に自分を目的地に連れていくのは、この〝一歩〟。一歩一歩の力を信じられるからこそ、どのようなことも信じ続けて達成出来ると、幼い頃に大自然から学んだのです。

前が見えなくても進む！

信じた一歩が、あなたを目的の場所へと連れてゆきます。

わたしの幼い頃のド根性エピソードが、今、時を超えて皆さんに伝えられているわけですから、それだけでも救われた感覚となります。

北国で大自然にもまれて育ったおかげで、諦めないメンタルが身に付いたことに感謝しています。わたしは「やりたい！」と決めたら、絶対に実行します！

大吉しか受け入れない人生

ここまで読んでいただいた皆さんは、薄々感じているでしょう。「あおみえりという人は、だいぶ我が強い！」と。

その通りです。わたしは本当に自分で決めたことは実現させせないと嫌なのです。もちろん、宇宙の采配や大きな使命などとの兼ね合いもありますから、ディテールは問わないようにしています。あまりに細かいと叶いづらくなります。

しかし、基本的には「自分が決めたようにやりたい派」なのです（ただし、守護存在からメッセージが寄せられることもありますので、彼らの意見も、しっかり聞いています。わたしが間違った方向に進むと軌道修正が行われます）。

読者の皆さんの中には遠慮がちで自分の我を抑えている方も多いと思いますので、

そのような方は、下記のわたしのエピソードを、ぜひ、しっかり読んでほしいと思います。

これは、わたしが初詣に行った際に起きた出来事です。「八百万の神」という言葉を出したり、初めての本のタイトルが『真★日本神話 ウチら最強！』だったので、わたしは神社に詳しくて足繁く通っているように見えるかもしれませんが、実を言うと、自発的に神社に行くわけではなく、友人や神社に詳しい方に誘われた時に一緒に行く程度なのです。偶然、神社の近くを通りがかったら参拝することはありますが。

ただ、おみくじは大吉でないと本当に嫌です！　わたしは、おみくじというシステム自体に納得していません。もし、わたしが神社を造るとすれば、おみくじは全部大吉にします。せっかく神社に来てくれた人が、おみくじで「凶」を引けば、1年間嫌な想いをするかもしれません。だから全部大吉で良いのでは？

勝手に未来を決められたくないわたしは、おみくじでは、ほぼ大吉しか引きません。というより、大吉しか記憶にないのです。もしかしたら他も引いていたかもしれませんが。

とある年の初詣の際におみくじを引いたら、なんと「末吉」でした。

そもそも、末吉とは？　吉ではありますが一番良くないものですし、『凶』と同じ意味だけど柔らかく言っています」という忖度《そんたく》を感じます。「何かの間違いだ！だってわたしには大吉以外ないから！　神様も間違えることあるよね！　じゃあ、もう1回引きますね！」。

「末小吉」

「なに？　末吉と『吉』の間を刻むの？　末吉↓末小吉↓末中吉があるの？　そこを刻む意味は何？　意味がわからない。これは夢かな？　全く認識出来ない！」と、パニック状態になりながら、その後のわたしは、おみくじを10回引こうと思いました。さらに、100回も引けば、統計的に末吉に偏っていないか検証出来るかも？　と、迷ったほどです。

それでは、神社の策略にまんまとハマってしまいます。「全てのおみくじを引いてしまいかねない。一度冷静になろう……」と、わたしは考え直しました。

そして、「末吉を2回引いたことは全て夢だった！」と、思うことにしたのです。しばらくして、また友人と別の神社に行くことになりました。

わたしは悟りました。たった1回で大吉を諦めるような人に、大吉は来ないと。自分の人生を振り返ると、最初から才能があって出来たことなどありませんでした。アナウンサーになりたくて上京したのですが、自分の持ち味を出せずに、一般企業に就職するなどを繰り返した後、今は独立して自分の言葉を届ける仕事を行っています。夢が叶ったのは諦めなかったからです。

神様、わたしを舐《な》めないでください。一度や二度、末吉を引いたところで、「今年は末吉か」などと、受け入れません。

どれほど大吉が出ないとしても、1年間、大吉が出るまで、おみくじを引き続けますし、おみくじの中身に偏りがないか100回くらい引き続ける旅をして回ります！わたしを試しているのですか？　ならば見てください。これが諦めない女の真骨頂です！

はい！　引きます！！！　「大吉」！！！　キター！！！！！

やはり、わたしは大吉しか引かないのです！　見ていただけましたか？　力業で大吉出しました！　今年も最強の年です！　神様、ありがとうございます‼

皆さんは、わたしの人生は大吉しか受け入れないという気迫を感じていただけましたか？

数回末吉を引いたところで大吉を諦めるな！　と、わたしは思うのです。自分の幸せを信じて疑わないでほしいのです。あなたは、何のために地球という場所に来たのですか？　楽しむためではないのですか？　本来は神であるのに、人間の役を演じるために来たのではないのですか？

幸せに生きてゆきたいならば、今、決めてください。「大吉しか受け入れません！」「幸せしか受け取りません！」と。

それでは成長はないと思う人がいるかもしれませんが、あなたの身の回りで起きる出来事から学んで、その都度反省して、自分を律して生きてゆけば、大きな不幸など起きません。自分から不幸を望んで成長の糧にするというのは、わたしには理解出来ません。

日々、誰かに優しくしたか？ 誰かにプラスを渡せたのか？ と考えて、時に反省する。そのように生きていたら、わざわざ苦しみを持ち込んできて考えなければならないような出来事は起きません。

「自分を幸せにし続ける、そのようなことしか受け入れません！」と、信じてください。

一人一人がそのような考えを持てば、世界は変わります。

あなたが幸せになることが、この地球の波動をさらに軽くして、新しい次元を創るのです。

創造主のあなた、今、この時代の変わり目を選んで来たあなた、出番が来ました！

地球を高い波動の状態にしたいですよね？　喜びと楽しい気持ちに満ち溢れた毎日を送りたいですよね？

それなら、「そうする！」と、決めてください。

丹田で腹を決める

日本の言葉には、「腹切り」「腹を割る」「腹を決める」など、お腹にまつわる表現が多いです。前著でもお伝えしましたが、「お腹で決めること」が大切なのです。

おへその下にある「丹田」という場所に、今誓ってください。

おへそから指3本分くらい下がった位置にあるのが丹田です。そこが体の中心点、あなたのエネルギーポイントです。

丹田から、あなたの身体中に宇宙の叡智となるエネルギーが循環しています。このエネルギーは枯渇しません。

この「丹田」からエネルギーを身体に満たせば、あなたは好きなように創造が可能となります。

具体的な方法は、丹田を意識して、身体中にエネルギーが循環するイメージを持ってください。それで十分です。丹田が「在る」と自覚するだけで、自然とエネルギーが使えるようになります。

何かパワーがみなぎる感覚になりませんか？　その感覚を覚えてください。

その後は、宇宙に満たされた、まだ何物でもない物質を使って、創造主として、この世の中に○○を発揮してください。

さて、何を生み出しますか?

「ものづくり大国日本」に生まれてきたあなたは、その意味がわかりますよね?

一つ一つの出来事、毎日に「氣」を宿すのです。それが礼儀礼節身だしなみ、言葉遣いとなり、あなたの世界を創ります。

生きることがすでにあなたの創造物です。

今あなたが生きていること、そのものが「神話」なのです。

ただ、無理はしないでください。すでに力は備わっています。素直な素のあなたで大丈夫です。

本書に書いた基礎を忘れなければ、あなたは素敵で無敵です！

精神文明時代、あなたはどう生きますか？

全てが自由で、いくらでも何にでも変わることが出来るエネルギーに満ちたこの世界で、一体何をしますか？

今、心に浮かんだわくわくした想い、楽しいイメージ、全て叶う力があなたに備わっています。

今までは自覚がないだけでした。

でも、もう目が覚めましたね！

こんにちは！　八百万の神様。

ここが新しい時代の扉です。

一緒に扉を開けて、素晴らしい自由で暖かく心躍る世界を楽しみましょう！

第3章

あおみえり×ジョウスター対談

今後、真実の情報が開示される

あおみえり（以下あおみ）：今回は、対談を行う機会をいただき、ありがとうございました。世界がこれからどうなるかについて語り合いましょう。

ジョウスター：こちらこそ、大変感謝いたします。今後の世界については、「あらかじめ決められたシナリオ」が、かなりあると思っています。

あおみ：わたしもそう思います。

ジョウスター：メディア発のニュース情報は、本当か嘘かわかりませんから、あまり信じない方が良いでしょう。最近のニュースを見ていると、メディア側が「焦っている」印象を受けます。

先日も、ドナルド・トランプ前大統領が訴追されるというニュースがテレビで流れていましたが、トランプ前大統領自身が設立したSNS「トゥルース・ソーシャル」が、ただちに情報は捏造《ねつぞう》だと発表しました。

あおみ：今は、実際に情報戦が行なわれています。アメリカでは、イーロン・マスクさんがTwitter社を買収して、プラットフォームの言論統制に対して積極的に戦う姿勢を見せていますが、日本では、そのような活動は全く行なわれていません。むしろ、メディアが世論を誘導している様子が顕著に見られます。

これからは、日本の人々が真実に気付いて目醒めることが、日本の再興、新しい時代の鍵になるのではと、わたしは思います。

ジョウスター：今の世界では、どれくらいの人が目醒めているのでしょうか？

あおみ：一説によると、アメリカの場合、国民の半分近く、44数%が、大統領選挙をきっかけにアメリカ政府は秘密結社が支配していると気付いたようです。ただ、Twitter社でマスクさんの続投に反対する意見が多数派になっているのを、秘密結社が圧力をかけた結果と見なす声がありますが、あれはマスクさんが後任の人に事業を引き継がせるために、意図的に計画したものだと思います。

それに対して、日本では、目醒めている人がとても少ないというのが現実です。真実を唱える人達は、「陰謀論者」「反ワクチン」などと分類されて、頭が変な人達が騒いでいるといった扱いを受ける機会が多いのです。

ジョウスター：正直に言うと、数年前まで真実の話を人前で行なうと、頭が変な奴だと思われるのがお決まりでした。今は、いくらかマシにはなりましたが。

あおみ：わたしやジョウスターさんは、今でも「アタオカ?」と、言われることがありますからね（笑）。

ただ、わたし達の話を信じる人は、確実に増えていると思います。やはり、コロナパンデミックの影響で、メディアが嘘をついているということ、他の国の情報を知ることで、日本がどれだけメディアコントロール、世論誘導されているという事実に気付いた人は少なくありません。そのような意味で言うと、世界情勢を知るというのは、人々に強い影響を与えて洗脳を解く効果があると思いますので、情報がもっと広がればいいなと思います。

ジョウスター：日本のメディアは、意図的に事実を捻《ね》じ曲げることもありますから。

あおみ：とにかく、日本のメディアは自分達にとって都合の良い情報しか伝えませんし、嘘みたいな話ばかりを言っています。ただ、ＳＮＳや動画サイトなどインターネット環境が整ったことで、今までのように情報統制を行なうのが、だんだん難しくなってきているみたいです。わたし自身も、自分が伝える物事が、人々にどれだけの影響を与えるのかということを考えながら、発信を行いたいと思います。

ジョウスター：そう言えば、Ｔｗｉｔｔｅｒ社がイーロン・マスク氏に買収されたことで、多くのアカウントが復活しましたよね。

あおみ：凍結が解除されましたから。

ジョウスター：ＷｉｋｉＬｅａｋｓの創設者のジュリアン・アサンジ氏やＮＡＳＡの裏事情を告発したエドワード・スノーデン氏など。先日、トランプ前大統領とスノーデン氏が対談しました。

あおみ：そうなのですね。

ジョウスター：彼らは、メディアが語る嘘を暴露したので、拘束されたのです。アサンジ氏は「実際は行なわれていない戦争がある」、スノーデン氏は「ＮＡＳＡが発表する宇宙は存在しない」という真実を公表したのですが、真実が知られると戦争ビジネスと宇宙ビジネスが成り立たなくなるので、2人は抑えつけられたのです。本来ならば、何十年も拘束されるはずだったのですが、Ｔｗｉｔｔｅｒのアカウントが復活したことで、トランプ前大統領とのコラボが叶ったのです。

今後は、アサンジ氏とスノーデン氏が情報開示のキーポイントになると思います。すでにスノーデン氏はツイートを再開しており、メディアを利用してストレートに真実を伝えると思います。そもそも、2人のアカウントが凍結される理由はありません。いずれにせよ、マスク氏がTwitterを買収したことで、非常に面白い事態になりました（笑）。

あおみ：これからは、人々が真実を知る時代になると思います。

人々を洗脳するための闇側の工作

ジョウスター：先日、トランプ前大統領が乗った自動車の前を、ジョン・F・ケネディ元大統領が乗った自動車が走っている動画が流出したように、アメリカには、死亡したとされるが実は生存している著名人が1000人ほど存在します。いずれ、メディアはケネディ元大統領やマイケル・ジャクソン氏が生きているという情報を開示せざるを得なくなるでしょう。

メディアで死亡したと報道されている人物が、何人生きているかは不明ですが、真実が発覚すれば、今後の社会が一変するのは確実です。おそらく、真実の発覚によって、今までは安定するよう「操作されていた」経済の動向も変わるのではないでしょうか。

あおみ：今までは、意図的に人々を操る工作が行なわれていたのでしょう。

ジョウスター：今よりも多くの人々がテレビを見ていた時代は、オリンピックのような大規模なスポーツ大会の中継にサブリミナルや3S政策（セックス・スクリーン・スポーツ）のメッセージが含まれていて、人々を洗脳していました。

現在は、有名タレントやスポーツ選手をインフルエンサーに仕立てた上で工作活動が行なわれていますから、意味不明なほど多くの洗脳のプログラムが入り込んでいる状態です。

このような事実を突き詰めていくと、隣にいる人さえも、本当は人間ではないのでは？　と、疑うようになってしまいます（笑）。闇側の勢力は、バイオロボやクローン、AI技術を使って、戦争を引き起こそうと計画しています。光側もまた、クローン技術などを導入してリセット、復元作業を行なおうと考えていたのですが、現在は、そのような対立が一旦終了して黄金時代が到来しようとしています。そのためにスタンバイしているのが、イーロン・マスク氏のような光側の人達です。

あおみ：SNSには「あと1週間以内でみんな、ひっくり返るぞ」とか「日本人全員に1億円配られる」とか、予言のようなメッセージがアップされることがありますよね。あれも、人々を操るのが目的なのでしょうか?

ジョウスター：SNSの場合、以前のTwitterを例に挙げると、発言に規制がかけられていませんでしたから、誰かが火種を落としたら、争いが発生するよう仕組まれていました。

予言のメッセージも洗脳、コントロールが目的なのでしょう。金のバラマキ、他には富士山噴火など（笑）。

要するに闇側は人々を操るための時間稼ぎをしているのです。仮に予言のメッセージをSNSから削除してしまうと、ネット上で論争が起こるのは確実です。一例を挙げると、『私が見た未来』（たつき諒）という作者の予言をテーマにした漫画があるのですが、奇妙なことに、何年も前からＡｍａｚｏｎの売り上げランキングでは上位に位置しています（笑）。定期的に購入されていなければ売り上げランキングの上位にはならないはずですが、そこを指摘すると、ネット上で論争が……。あおみさんは、予言について、どのように思っていますか？

あおみ：予言は、一種の世論誘導です。わたしは、日本人は予言の力を乗り越えて生きることが出来る、「言霊」、量子力学的な強い力を持っていると信じていますし、そのメッセージを伝えているのですが、今はシナリオ通りに動かそうと考える人が大勢いますし、火種も多いので、恐れを感じている面もあります。

日本人は予言よりも強い気持ちを持っているので、早く目醒めて、みんなが望むような、明るい未来を描きながら生きるというのが、一番大事だなと思うので、わたしは、このような本を書いているのです。

日本には自動筆記で書かれた『日月神示』という予言書がありますが、将来大破壊が起きるなど、悲観的な内容です。仮に『日月神示』を書いた人が家族を持ち、思いやりがあるような人だったとしたら、あのような内容にはならなかったでしょう。後世に残すことを考えて、優しい言葉で希望ある内容を書いておけば、人々は、もっと希望を持って生きることが出来たと思います。

もし、わたしが予言書を手がけるとしたら、「あなた達は本当に素晴らしくて、これからも世界を引っ張っていく、素晴らしい民族です」と、絶対に書きます。そもそも、「そのような言葉を書かない予言書に意味はあるの？」と、わたしは思うタイプですから、占いなどを含めて、基本的にひどいことばかり言う人の話は、話半分に聞いていれば良いのではないでしょうか。

ジョウスター：端的に言うと、3次元のループから抜け出さないようにするためのビジネスが成り立っていますから。闇側が人をコントロールする資金を持ち、予言を火種にして計画的に実行している。予言とは名ばかりで、実際は計画ですよ。

あおみ：そういう意味合いもあるでしょう。

ジョウスター：これから黄金時代、平和な未来が到来すると、予言自体が消滅するのではないでしょうか。今まで予言されていた火山の噴火は、人工衛星から放出したレーザービームで、火山に刺激を与えることで発生していました。予言通りの日時に地震が発生したこともありますが、水爆を使用して人工地震が引き起こされた例もあるでしょう。事実、それを証明する映像が多く見つかっています。予言はコントロールされて実現していたのです。

昨年（2022年）は、富士山の噴火がやたらと騒がれていましたが、もともと富士山には、3次元のダーククリスタルのグリッド（網目）となっていて、ポータル（入口）があります。青木ヶ原樹海には、闇側のアストラル界に繋がる波動が存在します。

あおみ：すごいお話を聞きました！

ジョウスター：最近、樹海の世界線が変わったみたいですね。これは、オカルト界隈の人達がよく言う話ですが、3年以上前に米軍が「フジフィルム作戦」という演習を行なったそうです（笑）。

そもそも、米軍の演習なのに富士山付近で行なわれているというのが不思議な話です。

その理由ですが、富士山の地下には黄金かクリスタルの神殿があるという話でオカルト界隈は盛り上がりましたが。実際はフリーエネルギーの製造工場があったからでしょう。

以前、某宗教団体が富士山の近くに拠点を置いていましたが、あれは闇側の息がかかった政治家が資金提供を行なっていた可能性が高いと思います。闇側が味方につければ、資金はいくらでも提供されますし、宗教団体の信者が取り付けていたヘッドギアは、闇側が実行するテスト的な意味合いがあったのではないでしょうか。

富士山は、単なる山ではありません。エネルギースポットやポータルと言われる場所は、日本中に数多く存在しますが、富士山は特にエネルギーが強いのです。

今後、こういった裏の情報は、プレアデスがリサーチして、将来には全てが開示されるそうです。プレアデスには調査出来ないことがありませんので、過去の例も遡《さかのぼ》って全部暴露されて、闇側は裁かれます。

あおみ：開示されるのは、いつ頃になりますか？

ジョウスター：実を言うと、すでに宇宙規模の裁判がエンキ側、宇宙評議会で行なわれているようです。もちろん、裁判は初期段階のようですが。

まずは、闇側は意図的に人類をコントロールしていたというのが、アークトゥリアン・カウンシルで証明されました。ガニメデでは祝勝パレードのような催《もよお》しが行なわれました。地球は銀河系の仲間入りが出来るかという段階であり、2023年時点では、人々から闇のエネルギーを感じるなど、少し宙ぶらりんな面があります。

最初に言った「真実がわからない」というのは、そういう意味なのです。メディア発の報道を聞いていると、「なんだ、これは？」と、思う内容が結構ありますから。

あおみ：普段のイベントでは、絶対に語られない内容ですね。お話を聞いて安心しています（笑）。

ジョウスター：メディアレベルの話ではないですからね（笑）。

ロシア・ウクライナ戦争の裏事情

あおみ：先ほど戦争ビジネスとおっしゃいましたが、ロシアとウクライナは今、本当に戦争しているのですか？

ジョウスター：本当に戦争は行なわれてはいますが、真相は、「技術を取られたくない」ために行なわれている戦争ですね。アザレアマフィアやパバールが、タルタリア帝国時代に開発された、量子テクノロジーなどを、ロシア（？）に取られたくないがゆえに争っているのです。

あおみ：古代のテクノロジーが狙われているということですか。

ジョウスター：ロシア（？）がウクライナをリセットした後にテクノロジーを奪うつもりです。特に、ウクライナにある古代アーク（地下遺跡）など、絶対に取られたくない。

あおみ：わたしは、今のデジタル時代に、実際に兵器を使って戦うというのが、信じられないのです。

ジョウスター：実際、ドローン兵器が突っ込んだりしています。あと、大量のヘリコプターも導入されています。一般的なヘリコプターは5億円以下で作れますが、プロペラの騒音がやかましい軍用ヘリコプターは20〜30億円ほどかかります。それが夜中、ウクライナの空を飛んでいる。ただ、一般の人々は全く影響を受けていないですよね。

あおみ：そうなのですね。わたしの印象だと、戦争が長引いている割には、状況が何も変わってないように思えます。

ジョウスター：ロシア・ウクライナ戦争は、2022年以前に、ロシア（?）がウクライナ（?）のポイントを押さえようとするミッションを行なうことで、すでに開始していました。2012年のルッキンググラス（?）からスタートして、2017年に多くのミッションが実施された。ロシア（?）が侵攻を計画しているというのが、目に見えるようになってきたのが、2019年あたりですね。

あおみ：これから、メディアが隠してきた真実が、次々と明るみに出るのでしょう。

隠蔽される宇宙と地球の真実

ジョウスター：海外発のYouTube動画には、すでに古代アークのクローン技術に関する情報が公開されています。闇側はブループリントで作られたクローンを人間社会に送り込むことで、人間をコントロールする火種を作ろうとしています。その理由は、闇側は人間の魂まではコピー出来ないからです。

あおみ：「魂はコピー出来ない」。良い言葉ですね。

ジョウスター：人間社会にクローンを送り込んでいるのは、オリオンのグレイなどですが、クローンの質がコロナ禍の約3年間で荒くなっています。「どこかおかしい」「ゴムみたい」「知り合いなのに、別人に見える」など、それこそ僕達の肉眼でも判別出来るレベルです。あと、異星人のみならず、NASAなど地球の宇宙開発組織も隠蔽を行なっています。

あおみ：そのような話も明らかになりつつありますよね。

ジョウスター：海外では、アポロ計画の映像が捏造という説が前々から唱えられています。例えば、月面着陸の映像に猫が映り込んでいたが、あれは撮影スタジオで飼われていた猫だという話です。

あと、打ち上げたロケットの映像を見ると、ネズミが映り込んでいたという話もあります（笑）。当たり前ですが、ネズミは無重力空間では生きられず、ロケットは大道具のセットだったという話です。ロケットの外に映る宇宙は、グリーンバックを使った合成という。

NASAが新しいスーツやTシャツをプロデュースすると、大量に売れるなど、宇宙開発事業はビジネスになっている面がありますので、捏造が行なわれていても不自然ではありません。

あおみ：ネズミが映り込んでいた映像とは？

ジョウスター：イーロン・マスク氏が中心となって開発したスペースXの映像です。動画の23分29秒あたり、宇宙空間を飛ぶスペースXのジェットエンジンの上を、ネズミらしきものが、ちょろちょろと走り回っているという（笑）。この映像は何度も再生されました。

そもそも、地球は北極と南極を頂点とした一つの円形とされていますが、実際は漫画『ONE　PIECE』（尾田栄一郎）の地球のように、180ほどの島が結合して形成されています。北極と南極には「アイズウォール」という壁状の箇所があるのですが、アイズウォールの上部には光側が周波数で作った円形の天蓋が設置されており、アイズウォールをケージ（隠蔽）しているのです。

現在は、天蓋が取り外されており、アイズウォールはクリアなクリスタル状になっています。クリスタルの共振によって、あらゆる物事が実行出来るようになるという情報が、おそらく、今後に開示されるでしょう。

あおみ：そうなのですね。

ジョウスター：もともと、クリスタルのエネルギーとは、ニューアトランティス時代に使われていたものです。現在のスマートフォンなどの電子機器にも「水晶振動子」という水晶の圧電効果を利用して周波数を生み出す技術が使われていますが、それをスケールアップしたものです。クリスタルエネルギーなどの、現代人にとって未知の情報が次々と開示されていくことによって黄金時代の幕が開くのです。

真相を言うと、タルタリア帝国時代の遺跡からは、水晶共振が使われている道具が少なからず発掘されているのですが、闇側の圧力によって事実が世間に公表されていません。もし、隠蔽された古代の遺跡が公表されたとすれば、6000ほどの新しい特許が誕生することになるでしょう。高速量子インターネットやメドベッド効果（病気を治癒する力）を持つホログラムベッドといった水晶振動子のテクノロジーを利用した機器が実現化します。最近では、量子インターネットが日本で話題となりましたが、すでに、日本が先駆けとなってテクノロジーの開示が始まっています。

あおみ：これは、昔から唱えられている宇宙の法則なのですが、新しいテクノロジーが進化した場合、同時に人間の精神性も進化しなければ、うまく扱うことが出来ません。テクノロジーが進化したとしても、それを扱えるだけの精神性がなければ、戦争の兵器など攻撃的なことばかりに使われてしまいます。

そういう意味でも、人々が魂をクリアにして精神性を向上させることで新しいテクノロジーを使いこなすというのが、人間の新しい課題になるのでしょう。

ジョウスター：現実に普及しているテクノロジーでも、３Ｄプリンターで武器を作れますからね。

あおみ：テクノロジーは、いくらでも悪用可能です。これからは、新しいテクノロジーが次々と開示されていくのでしょうが、わたし達が、それを扱えるほどの精神レベルになることが、これからの時代のキーポイントになると、わたしは思います。

もちろん、新しいテクノロジーが使われるようになれば、生活が便利になるので、宇宙時代、黄金時代が来るのを楽しみにしているのですが、それを扱える高い精神性が、わたし達に備わっているかと考えると、残念ながら、今の時代を生きていくのに精一杯という印象です。わたしの考えは結構厳しいですよね（笑）。

大半の人が知らない超テクノロジー

ジョウスター：これは、函館市にある五稜郭に行ったときに思ったことですが、今後、新しいテクノロジーを使うためには、ディプリケーション（複製）を行なうための施設が必要なのですが、今の日本には少ないのですよ。

あおみ：わたしも先日、五稜郭に行きました。

ジョウスター：五稜郭は、アトランティス時代に存在したスターモードと同じ、光のエネルギー、セントラルサンと呼ばれるエネルギーのポータル（入口）になっています。五稜郭のような五角形、もしくは円形の場所は、セントラルサン（宇宙の根源の光）など光のエネルギーを取り込みやすい効果があり、物体を創造する力を生み出します。インターネットも広義には光のエネルギーなのですが、光のエネルギーを利用した3Dプリンター技術を使えば、NASAよりもレベルが高いメカが作れるというわけです。

あおみ：すごいメカですね。それらは3Dプリンターで作るのですね。

ジョウスター：3Dプリンターを使えば、時や場所を選ばず、あらゆる物を作ることが可能です。他にも宇宙や深海に行くためのマスクも作れます。あと、この話を言ってしまうと、少しヤバいかもしれませんが、次元ポータルも製造可能という。

あおみ：次元を移動出来るメカを作ることが出来る⁉

ジョウスター：そうです。次元ポータルの装置をプリンターで作ることが出来るのです。

あおみ：まさか、そのようなものまで……。

ジョウスター：〝向こう側〟の人々（？）も、建物や自動車を簡単に浮かせることが出来る機械を全てプリンター技術で作っていたのですよ。いちいち彫刻を作っていたわけではありません。

あおみ：そのような話は、よく言われていますよね。

ジョウスター：最も驚くべきは、1900年以前にロボットが存在したという話です。1883年、日本が明治16年だった時代に、すでに、人間と同じような動きをするブリキ製のロボットが開発されていたそうです。ロボットが二足歩行でボクシングを行なっている映像を見たのですが、めちゃくちゃヤバくて（笑）。ボクシングが出来るということは、いきなり人間に襲いかかることも出来るわけです。

あおみ：そのロボットは、現存しているのですか？

ジョウスター：ロボットが相撲らしきものを行なっている映像も見たことがあります。ロボットが造られたのは、世界中で蒸気機関車が使われていた時代ですよ？（苦笑）普通に考えると、ありえない話ですよね。

映像はロシアなどから流出したものですが、タルタリア帝国時代の技術を使えば、何でも製造出来るのです。二足歩行ロボの巨大バージョンが、ロシアには結構埋まっているようです。

「ティクパク」などと呼ばれるタルタリア帝国時代の遺跡は、1棟1棟建造されたものではなく、精密機械を使ったプリンター技術で一気に建造されたものです。タルタリア帝国はマッドフラット（泥の洪水）によって滅亡しましたが、あれほどの広大な都市を、時間をかけずに建造するには、プリンター技術を使わなければ不可能です。

世界の有名建造物に隠された真実

あおみ：3Dプリンター技術で造られた遺跡は、他にもあるのですか？

ジョウスター：カンボジアのアンコール・ワット、あと、遺跡ではありませんが、スペインのサグラダ・ファミリアなどですね。予言では、2025年頃にサグラダ・ファミリアが完成するとされていましたが、実際は前倒しで完成するようです。これから、サグラダ・ファミリア自体が、光側のフリーエネルギー放出用の建物として開放されるわけです。

一方、闇側はキリストを復活させようとしています。この場合の復活とは、素晴らしい意味ではなく、人類をコントロールするのを目的とした、宗教を捻じ曲げて利用するという意味です。昔は、カトリックもイエズス会という修道会を作って、世界を支配しようとしていました。宗教を使って世界をコントロールしようというレプティリアン的な発想が、一番効率が良い支配の方法です。

あおみ：サグラダ・ファミリアが長年完成しないのは、なぜなのでしょうか?

ジョウスター：あらゆる人々が携わって、建築されているからではないでしょうか。反重力の量子テクノロジーによって生まれたフリーエネルギーが建物に入ることで完成するのでしょう。おそらく、サグラダ・ファミリアの建物の上部がフリーエネルギーのポータルになっているのですが、地下には様々な装置が設置されていると思います。

もし、闇側がサグラダ・ファミリアを利用すれば、闇の力で世界を支配出来ます。

サグラダ・ファミリアは、それほどのエネルギーを取り入れることが出来る建造物です。フリーメイソンやイルミナティも、サグラダ・ファミリアを基軸にしていました。

あおみ：サグラダ・ファミリアの完成度は、今はどのくらいなのですか？

ジョウスター：実は、建物自体はもう完成しています。フリーエネルギーを加えることで起動するのです。

エジプトのギザのピラミッドの場合、もともと反重力エネルギーで稼働していたのですが、300年前に静止してしまいました。ギザのピラミッドはモルダバイト（パワーストーン）製なのですが、YAP遺伝子を持つ人物でないと扉などが反応しませんので、闇側は血液型などを調べて、YAP遺伝子を持っている人々を掴まえて、扉を開けさせようとしたのですが、総じて失敗しました。

古代遺跡の扉を開けるには、インディアン（ネイティブ・アメリカン）や日本のアイヌなど、先住民達の血液が必要になるようです。なぜなら、先住民の血液の中にピラミッドの扉を開ける力になるDNAのデータが含まれているからです。

これは、考古学者のエレナ・ダナーン氏も言っていることですが、南極のダークCrystal

リスタルのエネルギーを保つためには、先住民の血液をクリスタルに送り続ける必要があるそうです。血液がなければ、ダーククリスタルが機能せず、天蓋が消滅してしまうそうです。モルダバイトの場合、先住民の遺伝子がないと起動しないようで、宇宙船の扉などに遺伝子が使われているそうです。

現在、世界で一番大きい古代アークはアメリカのフロリダ州にあるのですが、トランプ前大統領がフロリダ州付近に新しい拠点を造ったのは、そのためです。そのフロリダ州の古代アークは、すでにメキシコや中国の研究チームがアライアンス（提携）を結んでおり、内部で暮らしている人もいるようですが、門番の役割を担うメキシコ・インディアンを連れて行かないと内部に入れないようです。その理由は、DNAの生態認証を行なわないと内部に入ることが出来ず、そもそも起動しないからです。おそらく、メキシコ・インディアンが古代アークのクリスタルに触れると以心伝心して起動する仕組みなのでしょうが、闇側はYAP遺伝子を持つ人々を利用して起動させようとしていたのでしょう。

あおみ：古代アークは、フロリダ以外の場所にもあるのですか?

ジョウスター：ウクライナのキーウ付近には、クリミアのアークとキエフのアークの2基が存在します。

日本にも古代アークは存在するのですが、どこにあるかは不明です。福島県の奥地にあるという話もありますが、リセットされて、いわゆる宇宙のゴミのように放置されているらしいですよ。日本の古代アークを起動出来る人がいたとしたら、その人は、プレアデス、リラ星人でしょうね。

あおみ：わたしが触れて起動しちゃったら、どうしよう（笑）。

ジョウスター：月のモナリザはリラ星人です。オームアームは中に、縦型のUFOの中で2人だけで月周辺を漂いながら生存していたのですが、一人はミイラ死体になりましたが、もう一人は、1万2000年前からいまも生存しているようです。昔から月周辺には、レプティリアンが多くいますから（笑）、月面基地に回収してもらえたことで、一人は死なずに済んだようです。

あおみ：すごい……。ちなみに、古代アークの内部は、どのようになっているのですか？

ジョウスター：内部は卵型の球体になっており、まずはお花畑が広がっています。海の中に沈んでいる場所から人が来るそうです（？）。ただ、もしかしたら、古代アークの内部は周波数が高すぎて、波動が低い人が入ると、昔の冒険映画のように溶けてしまうかもしれません（笑）。

古代アークの中心部には、クリスタルコアと呼ばれる物体があり、それを共振させることで、古代アークが反重力状態となって上昇するのが可能となります。仮にクリスタルが破壊されたら、古代アークは宇宙のゴミになってしまいますので、下部に鎮まっているのです。一旦古代アークから離れたクリスタルコアは、全て元の位置に戻っています。

デスクロージャーというのは、それが前後になっており、もしも、クリスタルコアがグリッド状態になれば、地球が全てライド、反重力状態になって全ての物体が上昇するでしょう。

実を言うと、闇側がもっとも使っていたのがウクライナの古代アークなのですが、この話を伝えるYouTube動画は全てBANされました。ロシア・ウクライナ戦争に関しては、事実とは異なる写真や映像が公開されていますし、おそらく世界の政府には隠したい事実があるのでしょう。

あおみ：その通りですよ。そういえば、エジプト以外の地域にもピラミッドがありますが、あの中はどうなっているのですか？

ジョウスター：古代には、人間が暮らすための宇宙船型のピラミッドが存在しました。これは、最近YouTubeに投稿した情報なのですが、もともとエジプトのピラミッドは色が白かったそうです。ピラミッドの上部は宇宙エネルギーが入る黄色いポータルになっており、中心部にはクリスタルコアがあって、浮く力を持っています。

一口にピラミッドと言っても、浮くピラミッドや居住用に作られたピラミッドや浮くピラミッドなど、様々なタイプがあります。あと、黒いピラミッドというのもありまして、鉄のような物体がクリスタル振動するコアになります。

古代のムー大陸、レムリア、アトランティスには、それぞれタイプが違うピラミッドがありました。レムリアは宇宙船型、アトランティスは白色のピラミッドが多く、ピラミッドが設置された土地に莫大なフリーエネルギーを取り入れる役割を果たしていたのです。

おそらく、ムー大陸のピラミッドが、もっとも古代アークとシンクロしていたのではないでしょうか。宇宙船にも様々なタイプがありますが、中でも居住用の卵型の惑星タイプが一番凄まじいもので、月と同格です。現在、それは海の中に沈んでいます。

さらに言うと、現在認知されている惑星の中には、すでに消滅しているものが数多くあります。プラットアース説によると、本来の火星や金星も消滅しており、その後に誕生したのが、アニメに出てくるような巨大な卵形の宇宙船でした。現在の金星は、実際には「アシュタールコマンド」と呼ばれる宇宙船なのです。

あおみ：そうだったのですか。わたし達が普通に知ることが出来る情報は、嘘ばかりなのですね。

ジョウスター：今はＹｏｕＴｕｂｅでも真実が公開されていますが、かなりの数のスターシード（地球の次元上昇を目的とする、地球外の惑星由来の魂を持つ人物）が中国にいまして、彼らは「中国にもピラミッドがある」など、驚くべき情報をＹｏｕＴｕｂｅ上で発信しています。ピラミッドパワーの存在を知っている人々こそがスターシードで、素晴らしい情報を発信しているのですが、日本ではスピリチュアリストに比べると、あまり知られていないのです……。今後、注目されるようになるとは思いますが。

あと、韓国には深い闇が存在します。最近日本で話題になった某宗教団体も韓国発祥ですが、整形が流行しているという点に闇を感じます。そもそも、整形とは人間を加工する行為であり、それこそ人間とクローンの見分けがつかなくさせることすら可能です。

あおみ：言われてみれば、そうですよね。

ジョウスター：やはり、韓国には闇側の技術や施設が存在するのではないでしょうか。もちろん、闇側は基地の場所などを把握しているのでしょうが、その事実を、富士山などを拠点とする光側のアライアンス（同盟）が、どのように捉えるのかが課題です。

あおみ：お話を聞く限り、今後、あらゆる情報が開示されると感じます。

日本の開発計画に隠された秘密と闇側の誤算

ジョウスター：外国だけではなく、日本の建築物にも秘密が隠されています。小池百合子東京都知事が、はっきりした理由がないにもかかわらず、中央卸売市場を築地から豊洲に移転したのですが、その後、小池都知事が「築地市場があった場所は会議室にする」などと発言したので、疑問を持って調べたところ、豊洲の地下にギリシア神話に出てくるような地下神殿を建造していることがわかりました。

あおみ：地下神殿を？　驚きです。

ジョウスター：中央卸売市場を豊洲に移転する際に、土壌汚染問題がありました。実際は何の問題もなかったのですが、数々のレッテルを貼り付けることで、「豊洲を開発しなければならない」という印象を植え付けて、莫大な予算を使うことで、巨大な地下神殿を建造したのです。

あおみ：東京オリンピック開催を理由にすれば、大規模な工事が行なえるので、地下に非常事態時の政治家の逃亡ルートや居住スペースが造られたという話は、前々から噂されていますよね。

ジョウスター：東京オリンピックが終わったにもかかわらず、いまだに築地や有明では大規模な工事が行なわれています。有明は、不要とされて取り壊された施設もある一方、建造されたのに、使われていない施設がありまして、それは相当ヤバいようですね。おそらく、有明では建前とは異なる計画が進められているのでしょう。今後、詳しいことがわかり次第、配信で情報を伝える予定です。

あおみ：ぜひ、お願いします。

ジョウスター：他にも、現在、東京湾内に「スカイマイルタワー」という、1700メートル級の超高層タワーを建設するという計画が立てられているのです。これは明らかに反重力タワー、「ムーンショット計画」（人々が空間や時間から解放されるための活動）を実現するための施設ではないでしょうか。僕がこの話をYouTube動画でアップしたところ、BANされました。

あおみ：ムーンショット計画とは、日本政府が進めようとしているものですね。内閣府のホームページに記載されています。

ジョウスター：Googleマップでは隠されていますが、月面には、全長およそ2600キロメートルのクリスタル・タイガーが設置されています。これは「ムーンショット計画」で使おうとしているものでしょう。

古代都市の遺跡が月に存在しているのですが、そこは、もともとクリスタル基地だったのです。おそらく光側が建造したものでしょうが、闇側が全て乗っ取ってしまった。SF漫画で描かれるような、月の中の遺跡に牧場があって、そこで人間が生産されて家畜同然にされているといったことが、本当に行なわれています。怖いですよ（笑）。

あおみ：ただ、ムーンショット計画など、闇側は何度もブームを起こそうとしていますが、そのたびに失敗していますよね。それはなぜでしょうか？

ジョウスター：その理由は、闇側はエネルギーが弱すぎて、水晶振動子とのシンクロが出来ないからです。

あおみ：なるほど。それで失敗しているのですね。

ジョウスター：考えてみれば、ダーククリスタルを作動させるためにエネルギーが強い人の血液を奪う必要があるなど、結局、闇側は良い力を持つ人間を利用しないと活動出来ないのです。闇側は昔から人々をコントロールして世界を操ろうとしています。ただ、闇側が持つ南極のダーククリスタルの力は本当に強大ですが。

あおみ：今のお話を聞いて思ったことは、結局、闇側は血液や遺伝子など目に見えるものしか見えてないということです。

わたしは、そのあたりの事情が新しい時代を迎えるためのヒントになると思います。本当の力とは、魂や波動、精神性など目に見えないものであり、そういったものが存在するという点に宇宙の秘密や光のパワーの秘密が隠されていると思うのですが、闇側は、どれほど努力しても、目に見えない力を理解出来ません。だから何回計画を立てても、闇側は失敗を繰り返しているというのが、わたしの見解です。

一般人が触れることが叶わない日本の神社・寺院に隠された神聖な力

ジョウスター：日本の神社やお寺は、フリーエネルギーのポータルポイントになっています。お寺のマークである「卍」は、神聖な文字として、世界中の宗教で使われています。ナチスのマーク（逆卍）と混同するので、将来は変更になるという話もありますが、卍を良く捉えると「フリーエネルギーが入る場所」という意味になります。

あと、日本のいくつかの神社の中には、「ウラ神社」という秘密の施設があり、以前は〝日本の象徴〟とされる一族の方々が、ひんぱんに出入りしているという噂があります。ウラ神社には必ず菊の紋章が掲げられていて、「ヒラミ堂」という通称で呼ばれているそうです。

あおみ：ヒラミ堂……、ピラミッド！　すごい‼

ジョウスター：まさに、日本のピラミッドですね。そのヒラミ堂で儀式が行なわれているそうですが、内容は不明です。

ヒラミ堂に限らず、日本各地の神社やお寺の内部には、一般の人が入れないカトリックの神殿にあたる施設が存在するのですが、そういった事実も、これから明らかになるでしょう。

ただ、一般人でも、お賽銭《さいせん》、お金を払えば、内部の施設を見せてくれる場合もあります。神社やお寺を参拝した知り合いから、「シラス（治す）の所に参拝した」という話を聞いたことがある人もいるのではないでしょうか。
祈願も、結局お金の力で行なわれるものですが、僕は、金額で参拝者に対する扱いが変わるというのは、少しおかしい話だと思います。
あおみ：三重県の伊勢神宮も、お金を払わなければ内部には入れないという話を聞いたことがあります。危険な人が入らないようにするためという意味合いもあるのでしょうが、結局、お金で参拝者が区別されるということですからね。
ジョウスター：神社やお寺は、神聖な場所であるはずなのに、参拝するたびに、「お金を払え！」と言われます。
あおみ：あと、参拝者が神主や住職の方と知り合いの場合、内部の施設に案内してくれることがあるそうです。結局、コネかお金ですね（笑）。
ジョウスター：神社やお寺の内部には、水晶や神聖な樹木など、貴重なものが数多く隠されていると思いますよ（笑）。
あおみ：神社もお寺も、お金を払って参拝した方が、何かと得になりそうですね。これからは、「正式参拝をしたいです」と、言ってみます。

ジョウスター：本物の水晶は、透明度が凄まじいのですよ。僕、麻布十番で本物の水晶に触れたことがあるのですが、一般的なものとは全く違いますね。

あおみ：クリスタルのエネルギーですね。

ジョウスター：日本一と言われる水晶が山梨県の昇仙峡にあります。その水晶に触れると効能があると言われていますが、やはりエネルギーを吸ってしまっているので、色がクリアではありません。よりクリアな水晶に触れると、「目醒めます」。本物の水晶は、日本各地の神社が所有しているのですが、たいてい一般の参拝者は触れることが出来ないのです。

以前、僕はツアーで本物の水晶が飾られている神社に行ったのですが、やはり、裏ルートを使わないと近づくことすら出来ない形になっていました。僕は、多くの人が水晶の力を受け取ることが出来る環境を作るべきだと思います。

人々が情報を受け入れることで新時代が到来する

ジョウスター：今後、何年にもわたってあらゆる情報が捏造、あるいは捻じ曲げられていたという証拠が小出しに公開されるのでしょう。特に宇宙に関しては、プラットアクテス（？）によると、地球が180の島で構成されている事実が知られるようになり、羽田空港に次元ポータルが設置されて別次元に移動出来るようになるのです。

あおみ：これから、すごい時代になりそうですね。

ジョウスター：これから、キリストが再び地上に降り立つとディスクロージャー（情報開示）されていますが、それは肉体を持たない存在ではなく、転生して肉体がある人物として生まれ変わるとされています。メラニア・トランプ氏は、転生したプレアデスというギリシア神話の女性神なのですが、地球に転生するというのは、かなり神聖な行為のようです。

実を言うと、僕自身も一体、自分が何者なのか、よくわかっていないのですよ。転生の経験があるかすら、はっきりしていなかったですが、最近、前世ではプレアデスでヒーリングを教えていたということを知りました。

あおみ：不思議ですよね。なぜ、わたし達が対談しているのか、それは計画されたものではなく、何か自然な流れで決まったことで、お互いに様々な真実を話しているのですから。

わたしも、最初から宇宙意識のようなものを考えながら活動していたわけではありません。何かの導きか、宇宙に転生したことで、今このような役割が来たのかなと、強く思います。本当に不思議です（笑）。

ジョウスター：これからは、世界が一変するのですよ。そのような話を聞いて、どう思いますか？

あおみ：新しい情報が開示された時、どれだけの人が受け入れることが出来るかというのが、大きなポイントになると思います。人々の意識が現状のままだと、どれだけ情報が開示されて、新しいテクノロジーが発表されたとしても「そんなの陰謀論だから」「ウソだから」と、流してしまうでしょう。

　今までの常識自体が「作られたもの」という真実を、多くの人が受け入れることが、今後の地球がどの方向に進むかのキーポイントになると感じています。だから、全ての人が心を開いて、心の目で、どのような時代が来るのか見つめる必要があります。

　これから、宇宙時代、黄金時代と呼ばれる新しい時代が来ますから、皆さん、心の目で、今起きている出来事を見つめて、宇宙との繋がりを感じて、新しい時代を生きていきましょう!

あとがき

皆さん、この度はわたしの2作目の著書を読んでいただき誠にありがとうございました！

1作目に引き続き読んでいただいた方も、本作が初めましての方も、あなたの貴重な時間をいただき光栄です。誠に感謝します！

わたしは、このあとがきを箱根の温泉地で、揺れる木々を見ながら執筆しました。大自然の壮大な空気を皆さまにも届けたくて、いつもと違う場所で手がけたかったのです。自然を眺めていると、生きることとは何か、ただ存在すること、それ自体が尊いと実感します。

木々は「存《あ》る」ために、より太陽の光を浴びようと枝を伸ばして、川は木々の営みを優しく見守っている。自然で在ること、そこに存在することこそがすでに素晴らしい。それは当たり前のことのはずなのに、わたし達はつい忘れてしまいます。せわしない日々に忙殺されて、次から次へと何か新しい価値を生もうと必死になり、自分をないがしろにしてしまう。本来は、あなたが「そこに存在する」、それ自体が揺るぎない絶対的な価値であり、それで完結しているはずなのに。

この本には、この世界でどのように生きて、エネルギーを活用すれば良いかを、宇宙の法則や現在の地球の状態に合わせてお話ししました。宇宙には多くの「まだ何物にもなっていない物質」が満ち溢れていて、それを自由に使って良い、そして、あなたが望む未来を自由に描いて、この時代を楽しんでほしいとの願いを込めました。

ただ、間違えて伝わっていれば悲しいと思う点は、何かの価値を生まなければ、あなた自身の存在価値がないというわけではないということです。誰かと比べて劣等感を抱えたり、落ち込んだり、無力に感じたりしなくて良いのです。

わたし達も自然の一部ですから、そこに存在するだけで美しくて尊いのです。

「八百万の神」として生まれてきた皆さんへ。あなたは存在自体が神です。真っ直ぐに、自分を大切に、自分の素晴らしさを忘れないでください。

実を言うと、今回の箱根旅行の際、また不思議な出来事が起きました。同行した友人が箱根神社へと連れて行ってくれたのですが、参拝の列に並んでいると、わたしは、近くに生えていた高い木の茂みから、視線というより存在を感じて目が離せなくなってしまいました。何かがジッと見ているような、ものすごい存在感でした！「あの木の方から龍の気配がするんだよね。目が合っている！」と、わたしが言うと、「嘘でしょう⁉ やっぱり、気が付くんだね。箱根には龍の神社もあるって言ったでしょう。あなたが見ている方角に九頭龍神社があるんだよ。龍が憑いているって、本当だったんだ！」と、友人が驚いていました。

箱根には本当に龍がいるのです！　わたしには龍が3体見えて、そのうちの1体は横たわっているように見えました。龍の鮮明な姿が見えたというより、目が合ってものすごいオーラの形が見えたという感覚でしたが、大きな龍がいました。

わたしは、神社でお願い事をするというより、「お疲れ様です！　こちらも頑張ります！」という意味合いの挨拶をして帰宅しました。わたしは霊的存在が見えるタイプの人間ではないですが、このようなことが起きるのです。地球は不思議で楽しい場所です。

説明不可能な縁や繋がり、シンクロニシティがあるがゆえ、皆さまに、この本を読んでいただくご縁をいただけました。とてもわくわくします！

さて、この度の著書を執筆するにあたって今回も数多くの方にお世話になりました。わたしの執筆ペースが遅かったにもかかわらず、見守ってくださった青林堂の蟹江幹彦さま、渡辺レイ子さま。本を通して、わたしの想いを伝えるチャンスをいただけたことを、とても嬉しく幸せに思っております。ありがとうございました！

そして、今回対談に応じてくださったジョウスター先生。ジョウスター先生と出会っていなかったら、わたしは孤独なＹｏｕＴｕｂｅｒ人生を送っていたことでしょう。いつも大きな愛で、わたしやファンの方々を包んでくださって感謝しております。

エリミナティ（わたしのファン達のネームです）の方々も「次回作を楽しみにして

いるよ！」と待っていてくれて、本当にありがとうございました！　励みになりました！　皆さんに届けたい言葉を想像して本書を完成させることが出来ました。いつも支えてくださって、ありがとうございます。

たくさんの感謝の気持ちと愛を感じて、今は、とても幸せで、出逢う人全てに幸せなエネルギーを分けてあげたい気分です。あなたにも届いたでしょうか？

「これから先は全部大丈夫」

この言霊を信じて。

あなたにもたくさんの愛を込めて♡

引き続き、「ウチら最強！」だからね♡

あおみ えり

パンドラの箱は開いてしまいました！

令和5年5月24日　初版発行

著　者　　あおみえり
発行人　　蟹江幹彦
発行所　　株式会社　青林堂
〒150-0002　東京都渋谷区渋谷3-7-6
電話　03-5468-7769
装　幀　　（有）アニー
印刷所　　中央精版印刷株式会社

Printed in Japan

ISBN978-4-7926-0744-9